cahier de l
Dixit! 5ᵉ

Textes • Langue • Civilisation • Histoire des arts

Thomas Bouhours
Certifié de Lettres classiques
Professeur de collège

Arnaud Laimé
Maître de conférences en langue
et littérature latines

Claire Laimé-Couturier
Agrégée de Lettres classiques
Professeur de collège

Année scolaire 20........ – 20.........

Classe : ....

Prénom : ....

Nom : ....

Sommaire

© Nathan 2014 – 25, avenue Pierre de Coubertin 75013 Paris – ISBN : 978 209 171250 5

Le Socle commun

Grille d'évaluation

Les **compétences 1, 2, 3 et 5 du Socle commun** sont travaillées dans ce cahier. Grâce à cette **grille d'évaluation**, vous pouvez suivre votre travail tout au long de l'année en indiquant la date à laquelle chaque item a été travaillé.

Intitulé	Exercices	Travaillé le
Compétence 1 – La maîtrise de la langue		
Adapter son mode lecture à la nature du texte proposé et à l'objectif poursuivi	**Unité 1**, exercice 1 p. 18	....
	Unité 3, exercices 1, 2 et 3 p. 46	....
Repérer les informations dans un texte à partir des éléments explicites et des éléments implicites nécessaires	**Unité 1**, exercice 2 p. 18	....
Utiliser ses capacités de raisonnement, ses connaissances sur la langue, savoir faire appel à des outils appropriés pour lire	**Unité 2**, exercices 1, 2, 3 et 4 p. 33-34	....
Utiliser ses connaissances sur la langue pour lire	**Unité 5**, exercices 1, 2 et 3 p. 74	....
Reproduire un document sans erreur et avec une présentation adaptée	**Unité 1**, exercice 4 p. 34	....
Manifester, par des moyens divers, sa compréhension de textes variés	**Unité 4**, exercices 4 et 8 p. 60-61	....
Participer à un débat, à un échange verbal	**Unité 5**, exercices 4 et 5 p. 74	....
Compétence 2 – La pratique d'une langue vivante étrangère		
Savoir repérer des informations dans un texte	**Unité 1**, exercices 2 et 4 p. 18	....
	Unité 5, exercice 1 p. 74	....
	Unité 6, exercices 1 à 5 p. 88	....
	Unité 7, exercices 1, 2 et 3 p. 102	....
Comprendre le sens général de documents écrits	**Unité 6**, exercices 6 et 7 p. 89	....
	Unité 7, exercices 4 et 8 p. 102-103	....
Compétence 3 – Les principaux éléments de mathématiques		
Raisonner, pratiquer une démarche expérimentale	**Unité 4**, exercices 1 et 2 p. 60	....
Compétence 5 – La culture humaniste		
Avoir des connaissances et des repères relevant de l'espace et du temps	**Unité 1**, exercices 3 et 8 p. 18	....
	Unité 2, exercices 1 et 4 p. 33-34	....
	Unité 3, exercice 4 p. 47	....
Avoir des connaissances et des repères relevant de la culture littéraire et artistique	**Unité 6**, exercice 9 p. 89	....
	Unité 7, exercices 5 et 10 p. 102-103	....
Lire et employer différents langages : textes-images	**Unité 2**, exercice 4 p. 34	....
Établir des liens entre les œuvres pour mieux les comprendre	**Unité 5**, exercices 9 et 10 p. 75	....

Pourquoi ce cahier de latin ?

Dixit! est un **nouvel outil** proposé aux élèves et aux enseignants, un véritable **compagnon de route**… qui peut être utilisé en cours – à la place d'un manuel – et à la maison pour des devoirs ou des prolongements.

Un ouvrage simple

Nous avons eu à cœur de présenter **tout le programme de 5ᵉ** de façon **claire** et **simple,** tout en restant **exigeants** :

- une première double page présente la notion, le thème de l'unité à partir d'une **image** et d'un **texte latin** ;
- suivent deux doubles pages « **Étude de la langue** » avec une phase d'observation puis une **leçon de grammaire claire et structurée,** avec des **exercices simples, variés** et **progressifs** ;
- une double page **« Atelier de traduction »** permet aux élèves d'acquérir les réflexes du traducteur et de s'approprier le travail de **lecture** et de **traduction** d'un texte latin ;
- une double page « **Du latin au français** » permet de mémoriser le **vocabulaire latin** et de mettre en évidence ses résonances dans les **langues modernes** ;
- une double page « **Histoire des arts et civilisation** » présente des techniques artistiques variées et permet à l'élève d'observer et d'analyser une **œuvre d'art** tout en apprenant à connaître les aspects de la **civilisation** latine au programme ;
- l'unité se clôt sur une double page **« Bilan »** où les items du **socle commun** travaillés sont repérés.

Un ouvrage ludique

Utile dulci. À l'instar d'Horace, nous avons voulu rappeler que l'on peut apprendre tout en s'amusant ! C'est ce que nous avons mis en œuvre en proposant aux élèves des **exercices progressifs** et des **jeux** qui les **mettent en confiance,** mais qui leur permettent aussi **de devenir** des **latinistes** autonomes et efficaces !

Un ouvrage complet

La progression de Dixit! suit les entrées du **programme** de 5ᵉ.

Le socle commun est présent et de nombreux items peuvent être travaillés dès la classe de 5ᵉ, en cours de latin qui est le lieu privilégié de croisement des différentes compétences.

Enfin, ce cahier s'inscrit dans la **Refondation de l'enseignement des Langues et Cultures de l'Antiquité :** le latin et le grec sont **des disciplines transversales** qui permettent de mieux comprendre **le monde moderne,** de favoriser l'apprentissage des **langues vivantes** et de promouvoir **l'humanisme**, et c'est aussi cela que nous souhaitons faire partager aux élèves !

LES AUTEURS

SALVETE DISCIPULI !

Bienvenue en cours de latin !

Avec nous, tu vas découvrir une nouvelle langue, de nouvelles images, de nouveaux héros… ! Un nouveau monde s'offre à toi ! Alors au cours de ces pages sur lesquelles tu peux directement **écrire** et **t'exprimer**, ouvre grands les yeux et les oreilles et admire ce que les Romains nous ont laissé…

FLORA ET MARCUS

Quis es ? Qui es-tu ?

1 Pour commencer votre apprentissage du latin, réalisez votre « carte d'identité » en latin.

R E S P U B L I C A   L A T I N A

Mihi nomen est : ....

Mihi praenomen est : ....

Natalis dies : ....

Habitatio : ....

....

Classis : ....

Factum est in schola : ....

Die : ....

Signo :

Imago

Comment prononcer le latin ?

En latin **toutes les lettres se prononcent !** Cependant, quelques-unes ne se prononcent pas exactement comme en français. Le tableau ci-dessous vous indique comment prononcer ces lettres.

La lettre :	se prononce :	comme dans :
C	k	**c**artable
E	é	**é**cole
G	gu	**g**âteau
J	y	vo**y**age
S	ss	ta**ss**e
U	ou	**sou**pe
V	ou / w	**ou**ate
Y	u	m**u**r
QU	kw	a**qu**atique

2 Pour vous exercer, lisez à haute voix les mots latins de l'exercice 1.

Du latin au quotidien

3 1. Trouvez le mot qui correspond à chaque définition proposée ci-dessous. Pour vous aider, la première lettre de chaque mot vous est donnée.

a. Vous y notez vos devoirs à la fin du cours : A...

b. Preuve que l'on était ailleurs : A...

c. On peut en visionner sur internet : V...

d. Ce train s'arrête à toutes les gares : O...

e. Gros nuage blanc : C...

f. Vraiment pas cher ! : G...

g. Lieu d'échanges : F...

h. Il peut être de compagnie ou sauvage : A...

i. Les poissons s'y sentent bien : A...

j. Utile pour se laver les mains : L...

k. La boîte aux lettres en est remplie ! : P..

l. Marque sur les passeports : V...

m. On y rend la justice : T..

2. Retrouvez ces 13 mots dans la grille de mots-mêlés ci-dessous

P		O	A	G	E	N	D	A	C
T	R	O	M	N	I	B	U	S	U
R	A	O	L	V	I	D	E	O	M
I	Q	A	S	A	F	P	T	I	U
B	U	L	N	P	V	O	M		L
U	A	I	V	I	E	A	R	U	U
N	R	B	I		M	C	B	U	S
A	I	I	S	S		A	T	O	M
L	U		A	E	S		L	U	
	M	G	R	A	T	I	S		S

3. Les 9 lettres inutilisées forment, dans l'ordre, une phrase latine mystère, écrivez-la et demandez à votre professeur de vous aider à la traduire.

....

Le latin des marques

4 **1. Utilisez la « Boîte à outils » pour associer chaque nom de marque avec un des mots latins proposés.**

2. Expliquez le rapport entre le produit et son nom.

- **Mot latin :** ....
- **Explication :** ....
....
....

- **Mots latins :** ....
- **Explication :** ....
....
....
....

- **Mot latin :** ....
- **Explication :** ....
....
....

Boîte à outils

amor = amour
aroma = aromate, épice
niveus = neigeux
volvo = rouler

1 Tous les chemins mènent à Rome !

Bienvenue ! Venez découvrir Rome, l'Italie, sa géographie et son histoire, et commencer à vous familiariser avec le latin… en compagnie de Flora et Marcus ! Comment un minuscule village est-il devenu, en huit siècles, un immense empire, imposant sa langue et ses coutumes à de nombreux peuples ?

Lire l'image

Les vestiges du Forum à Rome.

1 **Reportez dans les bulles les répliques de Flora et Marcus proposées ci-dessous, puis lisez-les à haute voix en respectant les règles de prononciation (voir p. 6).**

– Salve, mihi nomen est Marcus. Ubi sumus ?
– Salve, mihi nomen est Flora ! Sumus Romae, in foro.
– Flora, ubi est Roma ?
– Roma est in Italia, Italia est in Europa.

2 **Observez attentivement la photographie pour répondre aux questions suivantes.**

a. Le Forum est le lieu de la vie politique et religieuse des villes de l'Antiquité. Quels vestiges le rappellent sur cette photographie ?

....

b. Quel bâtiment montre que Rome a aussi été une ville chrétienne ?

....

Lire en latin

Le monde vu par les Romains

1 <u>Terrarum</u> orbis universus in <u>tres</u> dividitur partes, <u>Europam</u>, <u>Asiam</u>, <u>Africam</u>.

Origo ab occasu solis et Gaditano freto, qua inrumpens <u>oceanus Atlanticus</u> in <u>maria</u> interiora 5 diffunditur.

Hinc intranti dextera <u>Africa</u> est, laeva <u>Europa</u>, inter has <u>Asia</u>.

Le globe entier de la .... est divisé en .... parties, l'...................., l'.................. et l'............................... .

Notre point de départ est au soleil couchant et au détroit de Cadix, par où .... se répand dans les .... intérieures. Quand de l'Océan on entre par ce détroit, on a à droite l'...................., à gauche l'...................., et entre elles l'.................. .

PLINE L'ANCIEN, *Histoire naturelle*, III, 3. Traduction des auteurs.

3 Lisez en latin la description du monde tel que les Romains l'imaginaient. Puis traduisez les mots soulignés.

4 À l'aide du texte, placez sur la carte les éléments suivants puis essayez de placer votre ville.
Europa, Africa, Asia, oceanus Atlanticus.

Astuce
Si vous avez du mal à vous représenter le monde comme Pline, tournez votre cahier vers la droite…

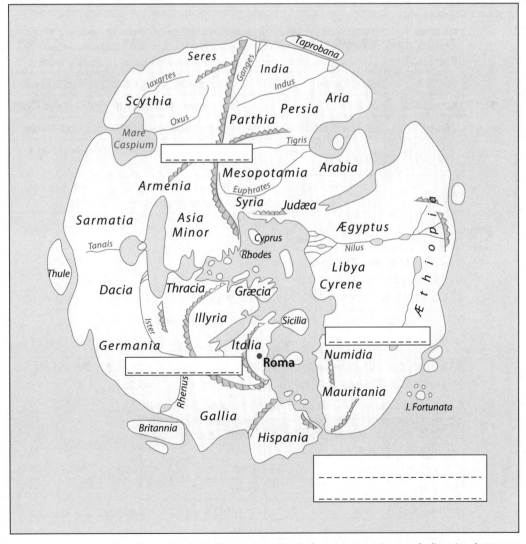

Représentation de l'*orbis terrarum*, d'après la carte entreprise sous la direction de Marcus Vipsanius Agrippa pour l'empereur Auguste en 27 av. J.-C.

→ Cas, fonctions et première déclinaison

Observons

Puella spectat statuam.　　La jeune fille regarde la statue.
Puellae spectant statuas.　　Les jeunes filles regardent les statues.

1 Certains mots, nécessaires en français, n'apparaissent pas dans les phrases latines.

Lesquels ? ....

2 À votre avis, pourquoi la fin des mots change-t-elle de forme ?

....

Retenons

A Cas et fonctions

On appelle « **cas** » les **formes différentes** que prend un nom latin selon sa **fonction** dans la phrase.

CAS EN LATIN	Fonctions	EXEMPLES
Nominatif	Sujet et attribut du sujet	**La jeune fille** regarde. → **Puella spectat.**
Vocatif	Apostrophe	**Jeune fille**, tu regardes la statue ! → **Puella, spectas statuam !**
Accusatif	COD	Je regarde la **jeune fille**. → **Specto puellam.**
Génitif	Complément de nom (CDN)	Le père **de la jeune fille** est grand. → Pater **puellae** est magnus.
Datif	COI, COS	Le père donne un cheval **à la jeune fille**. → Pater dat equum **puellae.**
Ablatif	Complément circonstanciel (CC)	**Grâce à la victoire**, la jeune fille a une grande gloire. → **Victoria** magnam gloriam puella habet.

B La première déclinaison

● **La « carte d'identité du nom ».**
Le nom est présenté ainsi : **puella, ae**, f. : la jeune fille.
Chaque élément donne une information sur le mot :

puella	puellae	féminin
Nominatif singulier	Génitif singulier	Genre

● La **première déclinaison** est la déclinaison des noms dont le **génitif** est en **-ae**. La plupart d'entre eux sont **féminins**.

● Voici leur déclinaison : le modèle est **rosa, ae**, f. : **la rose**.

	SINGULIER	PLURIEL
Nominatif	ros-a	ros-ae
Vocatif	ros-a	ros-ae
Accusatif	ros-am	ros-as
Génitif	ros-ae	ros-arum
Datif	ros-ae	ros-is
Ablatif	ros-a	ros-is

Astuce

Il faut connaître dans l'ordre la liste des cas. Voici deux moyens pour vous rappeler cet ordre :
● un mot :
NOVAGÉDA
(acronyme de
NOminatif-**V**ocatif-**A**ccusatif-**GÉ**nitif-**D**atif-**A**blatif) ;
● une phrase :
NOus **VO**ulons **A**voir **GÉ**néralement **D**es **A**mis.

Exerçons-nous

Lire en latin

3 **Lisez les petites phrases suivantes, puis jouez-les en latin !**

a. Salve, magister ! Salve, magistra ! Bonjour maître ! Bonjour maîtresse !

b. Salvete, discipuli ! Bonjour, les élèves !

c. Vale, magister ! Vale, magistra ! Au revoir maître ! Au revoir maîtresse !

d. Valete, discipuli ! Au revoir, les élèves !

e. Marce, quot annos natus es ? Flora, quot annos nata es ? Marcus, quel âge as-tu ? Flora, quel âge as-tu ?

f. Sum natus (ou **nata**) **decem/undecim/duodecim annos**. J'ai dix/onze/douze ans.

Réviser les fonctions en français

4 **Recopiez les mots en gras et donnez leur fonction.**

Au VIIIᵉ s. av. J.-C., **Rome** est un tout petit **village**. Huit siècles plus tard, **les Romains** ont imposé leur « empire » **à de très nombreux peuples**. Les Romains situent **leur ville** au centre **des terres** connues. Les Romains sont si **fiers** de leur empire qu'**ils** considèrent qu'ils **l'**ont reçu des dieux.

....

....

....

....

Connaître les cas et les fonctions

5 **Donnez la fonction du mot « déesse » dans chaque phrase et le cas correspondant.**

a. Je prie la déesse. ....

b. Je parle à la déesse. ....

c. Tu es la plus belle déesse. ....

d. Le fils de la déesse Vénus est Cupidon. ....

e. Il a gagné ce combat grâce à la déesse ....

Connaître la première déclinaison

6 **À quel cas sont ces noms de la 1ʳᵉ déclinaison ? Attention, il y a parfois plusieurs réponses possibles !**

a. rosarum : ....

b. aquis : ....

c. terram : ....

d. via : ....

e. victorias : ....

Vocabulaire à retenir

▶ **Noms de la première déclinaison**

aqua, ae, f. : eau
dea, ae, f. : déesse
fortuna, ae, f. fortune, hasard
gloria, ae, f. : gloire
patria, ae, f. : patrie
puella, ae, f. : jeune fille
rosa, ae, f. : la rose
terra, ae, f. : terre
via, ae, f. : voie, route
victoria, ae, f. : victoire
vita, ae, f. : vie

➔ *Sum* et ses composés au présent de l'indicatif

Observons

Sum puella.	Je suis une jeune fille.
Puellae magnae sunt.	Les jeunes filles sont grandes.
Adsum.	Je suis présent.
Puellam spectare possum.	Je peux regarder la jeune fille.
Puellae absunt.	Les jeunes filles sont absentes.

1 Encadrez tous les verbes.

2 Comment sont formés les verbes des trois dernières phrases latines ?

....

Retenons

A Le verbe *être*

● Observez le tableau et complétez la traduction.

	INFINITIF : ESSE
1re pers. du singulier	**sum** Traduction :...
2e pers. du singulier	**es** Traduction :...
3e pers. du singulier	**est** Traduction :...
1re pers. du pluriel	**sumus** Traduction :...
2e pers. du pluriel	**estis** Traduction :...
3e pers. du pluriel	**sunt** Traduction :...

B Les composés de *sum*

ABSUM	ADSUM	POSSUM
abesse : être absent	**adesse : être présent**	**posse : pouvoir**
ab-sum	ad-sum	pos-sum
ab-es	ad-es	pot-es
ab-est	ad-est	pot-est
ab-sumus	ad-sumus	pos-sumus
ab-estis	ad-estis	pot-estis
ab-sunt	ad-sunt	pos-sunt

Exerçons-nous

Conjuguer *sum* et ses composés

3 Traduisez les formes verbales suivantes.

– es : ....

– estis : ....

– absunt : ....

– adsumus : ....

– sumus : ....

– sum : ....

– sunt : ....

– adest : ....

– potes : ....

– est : ....

4 Complétez avec le préfixe qui convient pour obtenir la forme latine correspondant à la traduction donnée.

.... **sunt** : ils peuvent – .... **est** : il est absent – .... **est** : elle est présente –

.... **estis** : vous pouvez

5 Reliez chaque forme verbale française à sa traduction latine.

tu peux ●   ● absumus
pouvoir ●   ● adesse
ils sont ●   ● posse
être présent ● ● adestis
être ●   ● potes
vous êtes là ● ● sunt
nous sommes absents ● ● possumus
nous pouvons ● ● esse

Vocabulaire à retenir

▶ **Sum et ses composés**
sum : je suis
absum : je suis absent, je suis loin
adsum : je suis là, je suis présent
possum : je peux

6 Traduisez les phrases suivantes.

a. Flora puella est. ....

b. Dea es. ....

c. Deae sumus. ....

d. Puella adesse potest. ....

e. Dea et puellae absunt. ....

f. Estis puellae. ....

g. Flora adest. ....

7 **a.** Reliez chaque phrase latine à sa traduction.
b. Complétez la traduction.

Imperator Augustus sum. ●   ● Hommes, qui .... ?

Cives Romani sumus. ●   ● .... des citoyens romains.

Romani sunt. ●   ● Rome .... la capitale du monde.

Homines, qui estis ? ●   ● Marcus, qui .... ?

Marce, quis es ? ●   ● .... l'empereur Auguste.

Roma mundi caput est. ●   ● .... Romains.

Du latin au français

Mémoriser le vocabulaire latin

- En remarquant dans des langues très différentes (d'Europe et d'Inde) que des mots ont une **même racine** (ex. « mère » se dit *mater* en latin, *mêter* en grec, *mutter* en allemand, *matar* en sanskrit, etc.), les linguistes ont supposé l'existence d'une **langue première** qu'ils ont appelée **l'indo-européen**.
- La domination des Indo-Européens aurait commencé vers 4 000 avant J.-C.

1 Complétez les phrases ci-dessous. Trouvez les mots français formés à partir de la racine indo-européenne* *diew-*, qui désigne la lumière du jour ou de la divinité.

a. Les animaux qui vivent le jour sont appelés ....

b. Le premier jour de la semaine est le ...., appelé .... en anglais.

c. En géographie, un .... est un demi-cercle imaginaire tracé sur le globe terrestre reliant les pôles géographiques.

d. J'achète tous les jours mon .... préféré, les *Nouvelles de Rome* !

2 **1. Barrez l'intrus de chacune des listes suivantes.**

2. Notez la racine latine commune aux autres mots.

a. Aqueux – aqueduc – aquicole – baraque ....

b. Atterrer – délétère – terrasser – terrine – terril ....

c. Patriotisme – patère – apatride – patrie ....

d. Vitalité – dévitaliser – évitable – vitale ....

3 **Devinez quel cas latin se cache derrière chaque définition.**

a. J'indique l'appartenance ou la filiation. C'est presque une histoire de génétique. **Quis sum ?** ....

b. Je suis le cas du nom quand il est sujet. **Quis sum ?** ....

c. Je permets de donner quelque chose à quelqu'un, comme l'indique mon nom qui vient du verbe *dare* (donner). **Quis sum ?** ....

d. Je sers à interpeller quelqu'un car je viens du verbe latin **vocare** (appeler). **Quis sum ?** ....

Enrichir son vocabulaire

Chiffre romain	Nom latin	Chiffre arabe
I	unus, a, um	1
II	duo, duae, duo	2
III	tres, tres, tria	3
IV	quattuor	4
V	quinque	5
VI	sex	6
VII	septem	7
VIII	octo	8
IX	novem	9
X	decem	10
XX	viginti	20
XXX	triginta	30
XL	quadraginta	40
L	quinquaginta	50

Chiffre romain	Nom latin	Chiffre arabe
LX	sexaginta	60
LXX	septuaginta	70
LXXX	octoginta	80
XC	nonaginta	90
C	centum	100
D	quingenti	500
M	mille	1000

Nota bene
- Quand on place un I ou X à la gauche d'un autre chiffre, on le lui soustrait.
IV = V – I (5 – 1) = 4
XC = C – X (100 – 10) = 90
CM = M – C (1000 – 100) = 900

© Nathan 2014 – Photocopie non autorisée.

4 Comptons en latin ! Écrivez en latin le résultat des opérations ci-dessous.

a. I + V = ... **b.** III x III = ... **c.** C – L = ...

d. D + D = ... **e.** LXXX ÷ II = ...

5 Sur les monuments, on trouve souvent la date de leur inauguration indiquée en latin. Écrivez en chiffres arabes l'année indiquée sur :

a. La Tour Eiffel : MDCCCLXXXIX ....

b. Le Stade de France : MCMXCVIII ....

c. L'Arc de triomphe : MDCCCXXXVI ....

d. La Tour Montparnasse : MCMLXXIII ....

6 Complétez les phrases suivantes en vous aidant des noms des dix premiers chiffres latins.

a. Dans l'ancien calendrier romain qui commençait en mars, ...

était le neuvième mois de l'année et .... le dixième mois.

b. Un morceau de musique composé pour deux violons, un alto et un violoncelle se nomme

un ....

c. Mon oncle a fêté ses 50 ans : le voici déjà ....

d. Pour se repérer en mer, les anciens marins utilisaient un .... formé

d'un angle de soixante degrés.

e. Un vers composé de huit syllabes s'appelle un ....

7 *Ils l'ont dit !*

Ars longa,
vita brevis

L'art est long, la vie est courte.

a. Cherchez quel célèbre médecin grec a prononcé cette formule.

....

b. Comment la comprenez-vous ?

....

....

RECHERCHES **8** Savez-vous que Jacques Brel a composé une chanson sur la première déclinaison latine ?

Écoutez-la sur Internet et retenez sa mélodie, elle vous aidera à retenir rosa, ae, f. (la rose), et variez les mots : chantez le refrain avec **vita** ou **gloria**, par exemple. Vous remarquerez que, à l'époque de Brel, **rosae** se prononçait « *rosé* ».

Les grands repères

Un peu d'histoire...

1 Le peuple romain, depuis le roi Romulus (qui fonda Rome) jusqu'à l'empereur Auguste, a fait tant de choses dans la paix et dans la guerre pendant sept cents ans qu'on pourrait le penser plus ancien. Son premier âge se passa sous les rois, pendant presque deux cent cinquante ans (à partir de 753 av. J.-C.), pendant lesquels il lutta contre ses voisins. Ce sera son enfance. L'âge suivant, il soumit
5 l'Italie. Ce fut un temps très agité par les combats, on peut l'appeler son adolescence. De là, jusqu'à l'empereur Auguste, durant deux cents ans, il pacifia tout l'univers. Depuis l'empereur Auguste (premier empereur) jusqu'à nos jours, on ne compte pas beaucoup moins de deux cents ans.

D'après FLORUS, IIᵉ s. ap. J.-C., *Abrégé de l'histoire romaine*, Préface. Traduction des auteurs.

1 Prélevez dans le texte ci-dessus les informations nécessaires pour compléter cette frise chronologique des grandes périodes de l'histoire romaine.

| VIIIᵉ | VIIᵉ | VIᵉ | Vᵉ | IVᵉ | IIIᵉ | IIᵉ | Iᵉʳ | J.-C. | Iᵉʳ | IIᵉ |

-753 à -509 · -509 à -27 · -27 à 476

RÉPUBLIQUE

....

753 : .... fonde Rome

58-51 : Conquête de la Gaule par Jules César

0 : Naissance de Jésus-Christ

509 : Dernier roi étrusque chassé de Rome

-27 à 14 : .... premier empereur

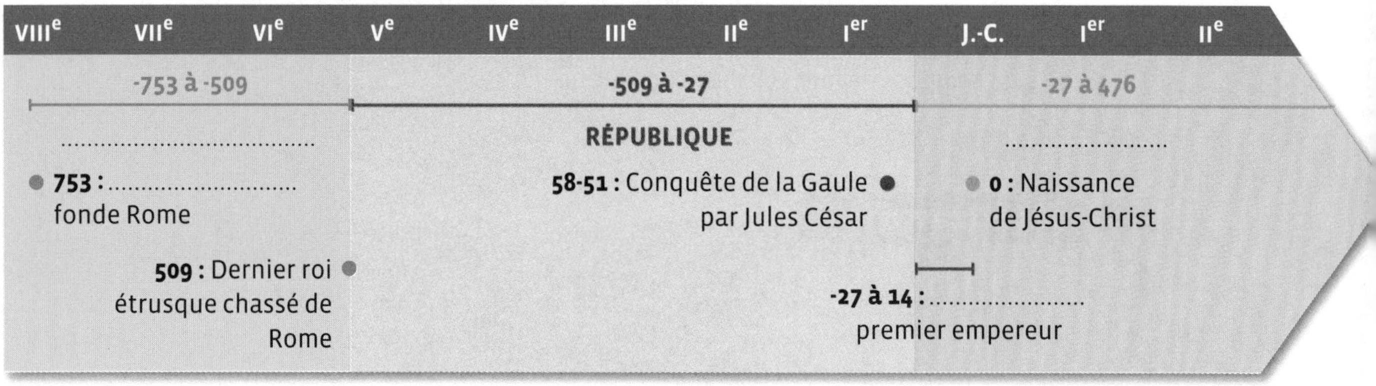

2 Complétez les phrases dans le tableau ci-dessous avec des mots issus des trois mots latins correspondants aux trois grandes périodes de l'histoire romaine.

Rex, regis, m. : le roi	Respublica, ae, f. : la république (formée sur res, ei, f. : la chose et publicus, a, um : publique)	Imperium, ii, n. : l'empire, le commandement
• Louis XIV a .... 54 ans. • J'ai tracé une ligne droite grâce à ma .... • Il a tué le roi, c'est un .... • La pizza .... , c'est la reine des pizzas !	• Ce qui existe vraiment, c'est .... • Pour faire connaître un produit, on fait de la	• Auguste est le premier .... romain. • Pour exprimer un ordre, on conjugue les verbes à .... • Rome a étendu son .... autour du bassin méditerranéen.

... et de géographie

3 **Placez sur la carte les noms actuels des pays correspondant aux provinces romaines.**

Portugal, Maroc, Algérie, Suisse, Autriche, Grèce, Turquie, Allemagne, Grande-Bretagne, France.

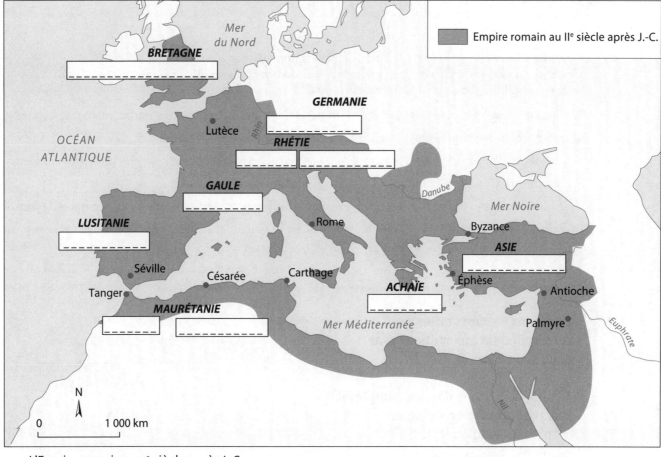

L'Empire romain au IIᵉ siècle après J.-C.

Les grands noms de l'histoire romaine

4 **Traduisez les phrases suivantes pour savoir qui est représenté sur chaque sculpture.**

Mihi praenomen est Caius.

....

....

Mihi nomen est Julius.

....

Quis sum ?

....

....

Aegyptia regina sum.

....

Nasus meus longus est !

....

....

Quae sum ?

....

Mihi nomen est Octavius.

....

Primus imperator Romanus sum.

....

....

Quis sum ?

....

Primus rex Romanus sum.

....

Frater meus Remus est.

....

Quis sum ?

....

BILAN

Je sais lire un texte latin et j'ai des repères géographiques

1 **Lisez le texte latin à voix haute, en respectant la ponctuation.**

La Gaule décrite par Jules César

Vous connaissez tous le Romain le plus célèbre, le grand ennemi d'Astérix : Jules César !
Ce dernier a également été un grand écrivain. Voici comment il présente la Gaule au tout début
de son très célèbre ouvrage La Guerre des Gaules.

1 Gallia est omnis divisa in partes tres, quarum unam incolunt Belgae, aliam Aquitani, tertiam qui ipsorum lingua Celtae, nostra Galli appellantur.
5 Gallos ab Aquitanis Garumna flumen, a Belgis Matrona et Sequana dividit. Horum omnium fortissimi sunt Belgae.

Toute la Gaule **est divisée en trois parties** : l'une est habitée par les **Belges**, une autre par les **Aquitains**, et la troisième par ceux qui sont appelés les **Celtes** dans leur langue et **Gaulois** dans la nôtre.
Le fleuve **Garonne** sépare les **Gaulois** des **Aquitains**, la **Marne** et la **Seine** [séparent les Gaulois] des **Belges**. De tous ces peuples les plus courageux sont les **Belges**.

Jules CÉSAR, *Bellum Gallicum*, 1, 1 (avec coupes). Traduction des auteurs.

2 **Soulignez les mots latins qui correspondent aux mots en gras dans la traduction.**

3 **À l'aide du texte ci-dessus, complétez la carte ci-contre en y plaçant les noms suivants :**

Aquitania – Belgica – Celtica – Garumna – Matrona – Sequana.

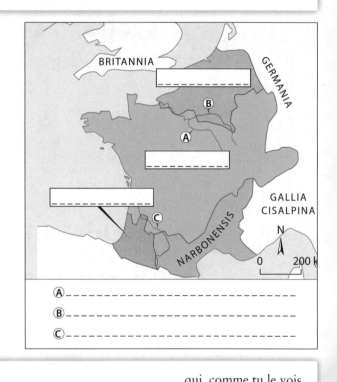

Ⓐ _____
Ⓑ _____
Ⓒ _____

4 **Voici le début d'une bande dessinée que vous connaissez bien. Complétez le texte français en traduisant les mots latins soulignés.**

1 <u>Tota Gallia</u>, quae, ut vides, <u>est divisa in partes quinque</u>, a <u>Romanis occupata est</u>... <u>Tota</u>ne ?

Minime ! Vicus quidam a <u>Gallis invictis</u> habitatus invasoribus resistere adhuc non
5 desinit.

Neque <u>vita facilis legionariis Romanis</u>, quibus sunt castra bene munita Babaorum, Aquarium, Laudanum, Parvibonumque...

...., qui, comme tu le vois,

....

par .... ?

Non ! Car un village peuplé d'..

.... résiste encore et toujours à l'envahisseur.

Et la .... n'est pas .... pour les

.... des camps retranchés

de Babaorum, Aquarium, Laudanum et Petibonum...

GOSCINNY et UDERZO, *Asterix gladiator*, trad. latine par K.H. VON ROTHENBURG, éd. 2004. Traduction des auteurs.

> # Je maîtrise les cas et les fonctions,
> ## la 1ʳᵉ déclinaison, *sum* et ses composés

5 **Traduisez Gallia, ae, f. (la Gaule) au bon cas.**

a. César a conquis la **Gaule**. ....

b. **La Gaule** est devenue une province romaine. ....

c. Les parties **de la Gaule** sont au nombre de trois. ....

6 **Complétez le tableau ci-dessous (attention, il y a parfois plusieurs réponses possibles).**

	Cas	Fonction correspondante	Traduction
Puellas	....	....	....
Fortunarum	....	....	....
Patriis	....	....	....

7 **Reliez chaque forme verbale à sa traduction.**

estis ●   ● nous sommes là

adsumus ●   ● tu peux

absunt ●   ● vous êtes

potes ●   ● ils sont absents

> # J'ai des repères historiques, je sais compter en latin

8 a. **Reliez chaque date à l'événement qui lui correspond.**

-753 ●   ● début de l'Empire

-509 ●   ● fondation de la ville de Rome

-27 ●   ● début de la République

b. **Écrivez ensuite ces dates en chiffres romains :**

....

Je m'évalue

Compétences du socle commun travaillées	Exercices	Date
Compétence 1 – La maîtrise de la langue française		
▶ Repérer les informations dans un texte à partir des éléments explicites et des éléments implicites nécessaires	Exercice 2	....
▶ Adapter son mode de lecture à la nature du texte proposé et à l'objectif poursuivi	Exercice 1	....
Compétence 2 – La pratique d'une langue vivante étrangère		
▶ Savoir repérer des informations dans un texte	Exercices 2 et 4	....
Compétence 5 – La culture humaniste		
▶ Avoir des connaissances et des repères relevant de l'espace et du temps	Exercices 3 et 8	....

2 L'origine de Rome

Les origines de Rome remontent à la fameuse guerre de Troie. Le prince troyen Pâris a enlevé Hélène, la femme de Ménélas, le roi grec de Sparte. Pour se venger, les Grecs mènent contre Troie une guerre qui dure dix ans et se termine par le pillage de la ville.

Lire l'image

....

....

Girolamo GENGA, *La fuite d'Énée depuis Troie*, 1508-1509, fresque, Pinacoteca Nazionale, Sienne.

1 Grâce aux informations contenues dans les phrases ci-dessous, remplissez les cadres situés autour de l'image afin de nommer le lieu et les personnages.

a. Est incendium in urbe Troja. Il y a un incendie dans la ville de Troie.

b. Graeci penetrant in urbem equo. Les Grecs pénètrent dans la ville grâce à un cheval.

c. Graeci incendiunt urbem et occidunt Trojanos. Les Grecs incendient la ville et massacrent les Troyens.

d. Aeneas fugit cum filio Iulo et fert patrem Anchisam umeris suis. Énée fuit avec son fils Iule et porte son père Anchise sur ses épaules.

e. Conjux Creusa sequitur maritum Aeneam et parvum puerum. Son épouse Créüse suit son mari Énée et son enfant.

20

Lire en latin

La fuite de Troie

La ville de Troie est incendiée et ses habitants massacrés par les Grecs. Énée, qui a survécu, raconte sa fuite à Didon, la reine de Carthage, chez qui il a trouvé refuge.

1 [...] et jam per moenia clarior ignis	[...] et déjà sur les remparts bien distinctement le crépitement du feu
Auditur, propiusque aestus <u>incendia</u> volvunt.	Est entendu, et ....se rapprochent en tourbillonnant.
« Ergo age, care <u>pater</u>, cervici imponere [nostrae ;	« Viens donc, mon cher ...., prends place sur ma nuque ;
Ipse subibo <u>umeris</u>, nec me labor iste [gravabit.	Moi, je te supporterai sur mes .... et ton poids ne me pèsera pas.
5 Mihi parvus <u>Iulus</u>	Que le petit ....
Sit comes, et longe servet vestigia <u>conjunx</u>.	M'accompagne, et que .... suive de loin nos pas.
Tu, <u>genitor</u>, cape sacra manu patriosque [Penates »[...]	Toi, ..., prends dans ta main les objets sacrés et les Pénates[1] de la patrie ». [...]
Haec fatus latos <u>umeros</u> subjectaque colla	Ainsi ai-je parlé, puis j'incline la nuque, et sur mes larges ....
Veste super fulvique insternor pelle <u>leonis</u>,	En guise de couverture, j'étends la peau fauve d'un...............................,
10 Succedoque oneri. <u>Dextrae</u> se parvus <u>Iulus</u>	Et me charge de mon fardeau. Le petit................., sa main ....
Implicuit sequiturque <u>patrem</u> non passibus [aequis,	Dans la mienne, me suit, moi son ...., de ses pas encore hésitants.
Pone subit <u>conjunx</u>.	Derrière nous marche mon ....

VIRGILE, *Énéide*, II, 705-725 avec coupes. Traduction des auteurs.

1. Divinités protectrices.

2 **Complétez la traduction ci-dessus en traduisant les mots soulignés.**

3 **Trouvez des mots français issus des mots latins que vous avez traduits :**

a. incendium : ....

d. genitor : ....

b. pater : ....

e. leo : ....

c. conjunx : ....

f. dextra : ....

4 **Après avoir lu l'encadré, complétez la fiche d'identité de Virgile.**

L'Énéide *de Virgile*

■ L'*Énéide* est un long **poème** (environ 10 000 vers !) écrit par **Publius Vergilius Maro** au Ier siècle av. J.-C. L'ami du poète, le riche **Mécène**, qui a donné son nom au « mécénat », use de sa fortune et de son influence auprès d'**Auguste** pour favoriser la littérature. L'empereur demande alors à Virgile de composer une **épopée** nationale à la gloire de Rome : ce sera l'*Énéide*.

■ Le récit raconte les errances d'**Énée** qui fuit Troie. Après un long périple plein d'aventures, Énée fondera la ville de Lavinium, et son fils Iule celle d'Albe-la-longue. Ses descendants seront les fondateurs de Rome...

Virgile

Praenomen : ....

Nomen : ....

Cognomen : ....

Occupatio : ....

Amici : ....

Liber : ....

→ La deuxième déclinaison

Observons

Filius domini spectat servum.   Le fils du maître regarde l'esclave.

Domini dant agros servis.   Les maîtres donnent des champs aux esclaves.

1 Quelle est la désinence (terminaison) des noms au nominatif ? et à l'accusatif ?

....

....

2 Quelle est la désinence des noms au génitif singulier ? au datif pluriel ?

....

Retenons

- Vous avez appris à décliner les noms féminins de la **1ʳᵉ déclinaison** (type : rosa, ae, f. ; voir p. 10). Voyons désormais les noms qui appartiennent à la **2ᵉ déclinaison**. Cette déclinaison contient deux groupes :

Des noms masculins			Des noms neutres		
Type : dominus, i, m. : le maître			Type : templum, i, n. : le temple		
Nominatif singulier ↓	Génitif singulier ↓	Genre ↓	Nominatif singulier ↓	Génitif singulier ↓	Genre ↓
dominus	domini	masculin	templum	templi	neutre

- Pour quelques noms, le nominatif et le vocatif singuliers sont en **-er**.
  Exemples : puer, i, m. : l'enfant – ager, agri, m. : le champ.

RAPPEL 1ʳᵉ déclinaison	2ᵉ déclinaison			
SINGULIER				
Cas	Féminin	Masculin		Neutre
	rosa, ae, f. : la rose	dominus, i, m. : le maître	ager, agri, m. : le champ	puer, i, m. : l'enfant	templum, i, n. : le temple
Nominatif	ros-a	domin-us	ager	puer	templ-um
Vocatif	ros-a	domin-e	ager	puer	templ-um
Accusatif	ros-am	domin-um	agr-um	puer-um	templ-um
Génitif	ros-ae	domin-i	agr-i	puer-i	templ-i
Datif	ros-ae	domin-o	agr-o	puer-o	templ-o
Ablatif	ros-a	domin-o	agr-o	puer-o	templ-o
PLURIEL				
Nominatif	ros-ae	domin-i	agr-i	puer-i	templ-a
Vocatif	ros-ae	domin-i	agr-i	puer-i	templ-a
Accusatif	ros-as	domin-os	agr-os	puer-os	templ-a
Génitif	ros-arum	domin-orum	agr-orum	puer-orum	templ-orum
Datif	ros-is	domin-is	agr-is	puer-is	templ-is
Ablatif	ros-is	domin-is	agr-is	puer-is	templ-is

Exerçons-nous

Reconnaître les noms et leur déclinaison

3 **Classez les mots suivants dans les parchemins qui correspondent à leur déclinaison.**

urbs, urbis, *f.* – amicitia, ae, *f.* – filius, ii, *m.* – deus, i, *m.* – uxor, oris, *f.* – filia, ae, *f.* – forum, i, *n.* – unda, ae, *f.* – domus, us, *f.*

1ʳᵉ déclinaison	2ᵉ déclinaison	Autres déclinaisons
....	....	....
....	....	....
....	....	....

Décliner les noms des 1ʳᵉ et 2ᵉ déclinaisons

4 **La déclinaison de equus, i, m. (cheval) au singulier a été mélangée. Remettez-la dans l'ordre et barrez l'intrus.**

equo – equi – equorum – equus – eque – equum – equo

....

5 **Ces groupes nominaux sont au singulier. Indiquez leur cas et transposez-les au pluriel.**

a. servum et puellam : ....

b. filio et puella : ....

c. templum et dea : ....

6 **Cochez la ou les bonnes réponses dans le tableau.**

	Nomin. sg.	Gén. sg.	Dat. sg.	Abl. sg.	Nomin. pl.	Acc. pl.	Dat. pl.	Abl. pl.
pericula								
deo								
puella								
pueri								
filiis								

Vocabulaire à retenir

▸ **Noms de la 2ᵉ déclinaison**
ager, agri, m. : champ
bellum, i, n. : guerre
deus, i, m. : dieu
dominus, i, m. : maître (de maison)
equus, i, m : cheval
filius, ii, m. : fils
locus, i, m. : lieu
periculum, i, n. : danger
puer, i, m. : enfant
servus, i, m. : esclave
templum, i, n. : temple

7 **Déclinez dea et servus puis puer et bellum**

	dea et servus		puer et bellum	
Cas	Singulier	Pluriel	Singulier	Pluriel
Nom.	....	....	....	....
Voc.	....	....	....	....
Acc.	....	....	....	....
Gén.	....	....	....	....
Dat.	....	....	....	....
Abl.	....	....	....	....

→ Les adjectifs de la première classe

Observons

Puer magnus est.	L'enfant est grand.
Templa magna sunt.	Les temples sont grands.
Bonus puer spectat multas deas.	Le bon enfant regarde les nombreuses déesses.

1 Dans les phrases ci-dessus, entourez les adjectifs qualificatifs en français, puis en latin.

2 Pourquoi l'adjectif change-t-il de forme, en latin comme en français ?

....

3 À quelle déclinaison appartiennent les adjectifs féminins ? les adjectifs masculins ? les adjectifs neutres ?

....

....

Retenons

- On appelle adjectifs « de la première classe », les adjectifs du type **bonus, a, um** (bon) :

Masculin singulier nominatif	Féminin singulier nominatif	Neutre singulier nominatif
bonus	bona	bonum

- Ils se déclinent avec les terminaisons de **dominus/rosa/templum**.
- L'adjectif **s'accorde** en genre, en nombre et en cas avec le nom auquel il se rapporte.

Cas	Masculin bonus discipulus : le bon élève		Féminin bona aqua : la bonne eau		Neutre bonum verbum : le bon mot	
	Singulier	Pluriel	singulier	pluriel	Singulier	Pluriel
Nominatif	bonus discipulus	boni discipuli	bona aqua	bonae aquae	bonum verbum	bona verba
Vocatif	bone discipule	boni discipuli	bona aqua	bonae aquae	bonum verbum	bona verba
Accusatif	bonum discipulum	bonos discipulos	bonam aquam	bonas aquas	bonum verbum	bona verba
Génitif	boni discipuli	bonorum discipulorum	bonae aquae	bonarum aquarum	boni verbi	bonorum verborum
Datif	bono discipulo	bonis discipulis	bonae aquae	bonis aquis	bono verbo	bonis verbis
Ablatif	bono discipulo	bonis discipulis	bona aqua	bonis aquis	bono verbo	bonis verbis

- Certains adjectifs suivent la déclinaison de **puer, i, m.** et de **ager, agri, m.**
- miser, a, um (malheureux) se décline avec les terminaisons de **puer/rosa/templum**.
- pulcher, chra, chrum (beau) se décline avec les terminaisons de **ager/rosa/templum**.

Exerçons-nous

Identifier les adjectifs de la première classe

4 **1. Reliez l'adjectif et le nom auquel il se rapporte.**

2. Indiquez ensuite les cas, genre et nombre des groupes nominaux ainsi formés.

malos ●   ● viis : ....

magnis ●   ● patriam : ....

novam ●   ● puer : ....

multa ●   ● servos : ....

bonus ●   ● bella : ....

5 **Soulignez l'adjectif, puis traduisez ces courtes phrases.**

Servus malus est. .... – Sumus magnae. ....

Templum novum est. .... – Estis boni. ....

Puellae pulchrae sunt. ....

Dea bona est. ....

Deae et dei multi sunt. ....

Multa sunt templa. ....

Réviser les cas et les fonctions

6 **Donnez la fonction et le cas correspondant des mots en gras.**

Grâce à Virgile, nous connaissons **l'histoire** d'Énée. En effet, après la chute de Troie, nous raconte **le poète**, Énée doit partir avec son père Anchise et son fils. La mère **d'Énée**, Vénus, **lui** donne **des conseils** avant son départ pour l'Italie.

....

....

....

7 **1. Donnez la fonction des mots en gras.**

2. Traduisez ensuite ces mots en latin au cas correspondant.

a. Énée a fait la **guerre**...

b. Il est le **fils** d'une **grande déesse**. ....

....

c. Ces **esclaves** sont des **enfants**...

....

d. J'admire les **temples** romains...

e. **Les jeunes filles** obéissent **aux nombreux dieux**. ....

....

....

Vocabulaire à retenir

▸ **Adjectifs de la 1ʳᵉ classe**
bonus, a, um : bon
magnus, a, um : grand
malus, a, um : mauvais
multi, ae, a : nombreux
novus, a, um : nouveau

Les outils du traducteur

1 Cochez la case qui convient.

	verum	falsum
a. Les noms de la deuxième déclinaison sont toujours masculins.	☐	☐
b. Les noms de la deuxième déclinaison ont un génitif en *-i*.	☐	☐

	verum	falsum
c. Un adjectif remplace toujours un nom.	☐	☐
d. En latin, l'adjectif s'accorde en genre, en nombre et en cas avec le nom auquel il se rapporte.	☐	☐

2 Reliez la fonction grammaticale au cas latin qui lui correspond.

Complément circonstanciel ●   ● Datif

COD ●   ● Accusatif

Sujet / Attribut du sujet ●   ● Vocatif

Complément du nom ●   ● Ablatif

COI ●   ● Génitif

Apostrophe ●   ● Nominatif

Traduire pas à pas

3 Quis sum ? Qui suis-je ?

Traduisez les affirmations suivantes et donnez le nom du personnage.

a. Sum filius Veneris. Quis sum ?...

b. Sum filius Aeneae. Quis sum ? ....

c. Sum Aeneae pater. Quis sum ? ....

d. Sum Aeneae mater. Quae sum ?...

4 Barrez et corrigez la traduction quand elle est incorrecte.

a. Servum puella spectat. L'esclave regarde la jeune fille..

....

b. Dei templum dominus spectat. Le maître regarde le temple du dieu.............................

....

c. Domini filium deus spectat. Les maîtres regardent le fils du dieu...............................

....

5 Encadrez le sujet, puis traduisez.

a. Servus spectat dominos...

b. Agros filius spectat...

c. Pueris statuam domini dant..

d. Dearum templum spectat dominus...

e. Dominus magnum agrum habet..

Boîte à outils

dant : (ils, elles) donnent.
habet : (il, elle) a
spectat : (il, elle) regarde
statua, ae, f. : statue
Troja, ae, f. : Troie

6 **Exercice « boule de neige ». Traduisez.**

a. Deus adest. ....

Malus deus adest. ....

b. Puella spectat statuam. ....

Magna puella spectat statuam. ....

Magna puella spectat deae statuam. ....

....

c. Servus spectat. ....

Templum servus spectat. ....

Dei templum servus spectat. ....

Magni dei templum servus spectat. ....

Version

Le cheval de Troie

1 Aeneas Trojae *ruinam* narrat :
             raconte

« Helena pulchra est. Helena pugnae *causa* est. Itaque
        belle   combat   C'est pourquoi

in Troja est magnum bellum : multi *Graeci* gerunt
                                               font

bellum cum *Trojanis. Trojanorum* patria est in magno
        contre

5 periculo. Nunc narro *Graecam victoriam.* Trojae
          Maintenant je raconte

milites superant *Graecos* milites *audacia.* Sed *Graeci*
les soldats surpassent

milites in statua equina se condunt. Trojae milites
                en forme de cheval se cachent

equum in urbem trahunt. Ita in *umbra nocturna Graeci*
cheval   ville   tirent Ainsi

milites equo exeunt et Trojam *occupant. Graeci* delent
              sortent   détruisent

10 multa templa et interficiunt multas puellas et multos
                    tuent

pueros. Fugio cum patre et filio ».
         Je fuis avec

Histoire de virus...

■ Un « **cheval de Troie** » ou « *Troyan horse* » est un virus informatique qui se présente comme un logiciel inoffensif puis détruit l'ordinateur de l'intérieur !

■ Il s'inspire de la ruse inventée par le héros grec **Ulysse**, que l'on dit « malin comme un singe », car il use souvent de ruse et de tromperie pour vaincre ses adversaires. Ainsi, pour prendre la ville de **Troie**, il fit construire un **cheval de bois** dans lequel il cacha ses soldats. Les Troyens, croyant avoir gagné la guerre, firent entrer le cheval dans la ville, ce qui entraîna sa destruction.

7 **Traduisez le texte ci-contre. N'oubliez pas de lire le *Nota bene* pour vous aider.**

Nota bene
● Les mots en *italique* dans le texte latin sont « transparents » : ils sont très proches des mots français.
● Les mots soulignés sont traduits.

Mémoriser le vocabulaire latin

1 **Reliez chaque mot à sa définition puis retrouvez sa racine latine.**

a. Personne ou État qui prend part à une guerre ●   ● multicolore : ....

b. De plusieurs couleurs   ●   ● puéricultrice : ....

c. Qui s'occupe des enfants   ●   ● belligérant : ....

d. Placer au nombre des dieux   ●   ● agriculteur : ....

e. Un esclave au Moyen Âge   ●   ● magnanime : ....

f. Qui a une grande âme, bienveillant   ●   ● serf : ....

g. Qui cultive un champ   ●   ● déifier : ....

2 **Les mots de chaque liste ont pour racine un mot latin que vous connaissez. Donnez-le.**

a. localement – localiser – localisation – délocaliser – localité ....

b. novateur – rénover – innovation ....

c. malin – malade – maléfice – malotru – maudire – maussade ....

d. Charlemagne – magnificence – magnitude ....

3 **À l'aide des indices suivants, retrouvez huit mots latins dans la grille. Ils sont écrits horizontalement ou verticalement. Une même lettre peut servir deux fois.**

E	T	P	B	E	L	L	U	M	F
N	I	A	R	M	A	P	U	E	I
D	N	T	A	E	S	U	S	U	L
E	I	R	M	T	D	E	A	I	I
U	V	I	C	T	O	R	I	A	U
S	S	A	T	E	M	P	L	A	S

1. Les Grecs l'obtiennent à Troie.
2. Mars en est un.
3. Énée la quitte pour aller en fonder une autre.
4. Iule en est un quand il quitte Troie.
5. Vénus en est une.
6. Iule est celui d'Énée.
7. Celle de Troie a duré dix ans.
8. Il y en avait beaucoup à Troie, mais ils ont été détruits par les Grecs.

Enrichir son vocabulaire

Les augures

■ Chez les Romains, les **augures** sont des prêtres chargés d'interpréter le vol des oiseaux pour en tirer des présages que l'on appelle des **auspices**.

■ L'augure trace un cadre virtuel dans le ciel (**templum**). Si les oiseaux y pénètrent par la gauche (**sinistra**) le présage est défavorable, s'ils entrent par la droite (**dextera**) il est favorable.

4 **Complétez les phrases avec des mots formés sur templum.**

a. Les protestants ne vont pas à l'église, mais au ....

b. Lors des croisades, les .... étaient des moines-soldats très riches : on cherche encore leur trésor.

c. Cette enfant est rêveuse : elle est d'un naturel ....

5 **Que signifie l'expression « être un oiseau de mauvais augure » ?**

....

....

6 *in-* (qui peut se transformer en *im-/ ir- / il-*) est un préfixe privatif. Il indique le contraire du mot auquel on l'ajoute pour former son antonyme. Retrouvez les antonymes des mots suivants :

supportable : .... – lettré : .... – responsable : ....

patient : .... – mobile : .... – égal : ....

légal : .... – régulier : ....

7 Le mot **urbs** signifie « ville ». Complétez les phrases avec des mots qui en sont issus.

a. En anglais, la banlieue se dit ....

b. .... s'oppose à rural, et veut aussi dire poli.

c. Les villes s'agrandissent et on assiste à une .... croissante.

d. Ce quartier respecte les règles de l'..

8 Complétez les phrases ci-dessous avec des mots issus de l'adjectif latin **novus, a, um.**

a. Elle tente toujours d'inventer de nouvelles recettes, elle aime ....

b. Une .... est un récit court.

c. Au début du xxᵉ siècle, on appelait .... les articles de mode.

9 **Ils l'ont dit !**

Si vis pacem, para bellum

a. Cherchez le sens de ce proverbe.

....

....

b. Cherchez ce qu'est un Parabellum.

....

....

Urbi et orbi

a. Que signifie cette expression ?

....

....

b. À quelle occasion l'emploie-t-on ?

....

....

Ludus

10 Des mots latins que vous avez appris « se cachent » dans les phrases suivantes. Retrouvez-les !

1. Mon ami Aldo Minus a mis des housses à ses fauteuils.

....

2. Le pou erre sur la tête de papy, qui n'a plus un cheveu. Oh regarde, le pou est là !

....

La louve et les jumeaux

La descendance d'Énée

> *Lors de la fuite de Troie, Créüse, séparée de son mari Énée et de son fils Iule, trouve la mort. Énée quant à lui, sur les conseils de sa mère Vénus, rassemble ses compagnons, construit des navires et s'embarque vers des terres inconnues. Son père Anchise meurt pendant le voyage. Énée arrive dans le Latium. Son fils y fonde la cité d'Albe. Il a pour descendant le roi Procas…*

1   Le roi d'Albe Procas eut deux fils, Numitor et Amulius. Il laissa le règne à son aîné, Numitor ; mais c'est Amulius qui régna, après avoir chassé son frère. Pour priver son frère de descendance, Amulius fit de la fille de celui-ci, Rhéa Sylvia, une vestale[1]. Elle mit cependant au monde des jumeaux[2], Romulus et Rémus. Quand il en eut connaissance, Amulius la jeta en prison
5   et abandonna les jumeaux dans un panier qu'il mit sur le Tibre, alors en crue à ce moment-là. Mais à la décrue du fleuve, l'eau les laissa au sec, en un lieu alors vaste et désolé. Une louve, comme le rapporte la tradition, accourut vers les enfants qui criaient, les lécha de sa langue, approcha ses mamelles de leur bouche et se comporta comme une mère. Alors que la louve revenait sans cesse vers les tout-petits comme s'ils étaient ses louveteaux, Faustulus, un berger du roi, remarqua son manège,
10   les rapporta chez lui et les donna à élever à sa femme, Acca Laurentia.

Abbé LHOMOND, *De viris*, 1. Traduction des auteurs.

1. Les vestales étaient des prêtresses et devaient faire vœu de chasteté. • 2. Rhéa Sylvia est enceinte du dieu Mars.

1 En vous aidant de l'introduction et du texte, complétez la généalogie ci-contre.

2 Un célèbre Romain disait tirer son nom d'Iule. Qui est-ce ? D'après vous, pourquoi cherchait-il à se réclamer d'Iule, fils d'Énée ?

....
....
....
....
....
....
....
....
....
....
....
....

Anchise — ....

.... — Créüse

....

Quelques générations plus tard :

Procas

....

Rhéa Sylvia Mars

....

Le mystère de la louve

La louve

Nom de l'artiste : *inconnu*

Matière : ....

Dimensions : ....

....

Conservation (musée et ville) :

....

Date : ?

Une origine incertaine

■ Le célèbre orateur de l'Antiquité, **Cicéron**, fait allusion à la sculpture de la louve dans un de ses livres : sa patte arrière droite porte la marque de la foudre qui l'a frappée en 65 av. J.-C.

■ Comme l'a supposé un historien allemand au XVIIIe s., cette statue a dû être réalisée par un **artiste étrusque au VIe s. avant J.-C**. La façon dont est sculptée sa fourrure, en forme de vaguelettes, en est un signe.

■ Cependant, elle a été fondue en une seule fois, selon la technique de la cire perdue (voir ci-dessous), et c'est une technique créée au **Moyen Âge**. D'ailleurs, son style se rapproche fortement de l'art carolingien ou mérovingien.

■ Enfin, une analyse scientifique pointue faite en 2006, la fait dater du XIIIe **siècle**.

■ Quant aux jumeaux, ils ont été ajoutés au XVe **siècle**.

3 Observez attentivement cette image puis faites une recherche pour remplir la fiche d'identité de la louve ci-dessus.

4 Observez la louve et décrivez son aspect général (forme, attitude, mouvement).

....
....
....
....
....
....
....

5 Observez maintenant les jumeaux et faites le même travail.

....
....
....

6 Après avoir lu l'encadré ci-contre, expliquez pour quelles raisons on peut penser que la louve et les jumeaux ne datent pas de la même époque.

....
....
....

Le savez-vous ?

La **cire perdue** est une technique de moulage à partir d'une sculpture originale en argile, et qui permet, en suivant plusieurs étapes, de reproduire la sculpture en bronze.

BILAN

▶ Je comprends un texte latin

1 Complétez la traduction du texte en replaçant au bon endroit les groupes de mots proposés ci-dessous.

La fondation de Rome

1 Romulus et Rémus fondèrent une ville dans les lieux mêmes où ils avaient été abandonnés et élevés ; une

dispute éclata entre eux pour savoir lequel des deux donnerait son nom à la nouvelle ville et en serait roi ;

adhibuerunt auspicia .... Remus prior sex vultures, Romulus postea,

sed duodecim, vidit. ....

5 .... Ainsi, Romulus, désigné comme vainqueur par l'augure,

donna à la ville le nom de Rome ; et, pour la protéger par des lois avant de le faire par des remparts,

interdit à quiconque de franchir son fossé. Or Rémus, en riant, franchit d'un bond ce fossé ;

eum iratus Romulus interfecit, his increpans verbis. ....

.... « Sic deinceps malo afficietur quicumque transiliet

10 moenia mea. » « ....

.... »

Abbé LHOMOND, *De viris*, 4.

a. Qu'ainsi, désormais, soit châtié quiconque franchira mes murailles !
b. Rémus, le premier, vit six vautours ; Romulus n'en vit qu'après lui mais en vit douze.
c. Pris de colère, Romulus le tua en l'accablant de ces mots :
d. ils prirent les auspices.

▶ Je maîtrise la 2ᵉ déclinaison et les adjectifs de la 1ʳᵉ classe

2 Transposez ces phrases au pluriel, puis traduisez-les.

a. Puella et dominus ambulant. → .... ambulant.

  Traduction : .... se promènent.

b. Puer templum spectat. → .... spectant.

  Traduction : .... regardent ....

c. Dominus equum filio dat. → .... dant.

  Traduction : .... donnent ....

3 Traduisez les mots en gras.

  a. Les enfants sont grands ....

  b. J'aime **les nouveaux dieux** .... amo.

  c. La jeune fille aime **le fils du bon maître** .... amat.

  d. Les esclaves sont nombreux ....

Je connais le héros Énée

4 **Observez attentivement l'image. Recopiez les mots manquants et complétez la traduction.**

AENEAS·VENERIS
ET·ANCHISAE·F·TROIANOS
QVI·CAPTA·TROIA·BELLOS·VPER
FVER·ANT·INITALIAM·ADDVXIT
OPPIDVM·LAVINIVM·CONDIDIT·ET
IBI · REGNAVIT·ANN·OSTR·IS·

Éloge d'Énée, fragments de la reconstitution
de l'inscription figurant sur l'édifice d'Eumachia,
sur le forum de Pompéi. Iᵉʳ siècle ap. J.-C.

Aeneas ....

et .... f(ilius) Trojanos

qui capta .... super-

fuerant in .... adduxit

oppidum .... condidit et

ibi regnavit .... tris

Traduction : Énée fils de .... et d'.........................., conduisit en .... les Troyens

qui avaient survécu à la .... après la prise de .... Il fonda la ville

de .... et y régna trois ....

Je connais le vocabulaire latin

5 **Retrouvez des noms que vous avez appris
en complétant cette grille de mots croisés**
(les noms sont tous au nominatif singulier)

HORIZONTALEMENT
1. Le paysan y travaille.
2. Il a toujours une attitude puérile.
3. À la maison, c'est lui le maître.
4. Les Romains en adoraient plusieurs.
5. Celle de Troie dura 10 ans.

VERTICALEMENT
A. Chaque dieu a le sien.
B. C'est un statut peu enviable, où l'on rend
souvent service !
C. Étymologie du mot « localité ».
D. Celui d'Énée s'appelait Iule.
E. Énée en affronta beaucoup dans son voyage.

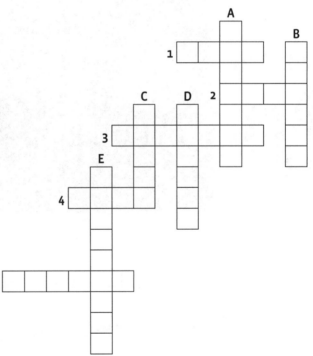

Je m'évalue

Compétences du socle commun travaillées	Exercices	Date
Compétence 1 – La maîtrise de la langue française		
▶ Utiliser ses capacités de raisonnement, ses connaissances sur la langue, savoir faire appel à des outils appropriés pour lire	Exercices 1,2,3 et 4	....
▶ Reproduire un document sans erreur et avec une présentation adaptée	Exercice 4	....
Compétence 5 – La culture humaniste		
▶ Avoir des connaissances et des repères relevant du temps	Exercices 1 et 4	....
▶ Lire et employer différents langages : textes – images	Exercice 4	....

③ Rome et ses voisins

Rome est désormais fondée, et elle a un roi, Romulus. Mais elle est bien vide : il lui manque... des femmes ! Or, aucun peuple voisin ne veut donner de jeunes filles à marier à cette peuplade toute nouvelle. Romulus a alors une idée...

Lire l'image

Willem VAN MIERIS (1662-1747), *L'Enlèvement des Sabines* (1698), huile sur bois, Musée des Beaux-Arts, Angers.

1 Regardez attentivement les personnages de la partie droite de cette peinture et remplissez le tableau ci-dessous.

	Hommes	Femmes
Vêtements, accessoires	....	....
Attitudes	....	....
Couleurs	....	....

2 Décrivez maintenant la partie gauche du tableau.

....

....

Lire en latin

La ruse

1 Romulus ludos parat Neptuno sollemnes ; Consualia vocat. Deinde finitimis spectaculum nuntiat. Multi mortales convenerunt, studio etiam videndae novae urbis. Jam Sabinorum omnis multi-
5 tudo cum liberis ac conjugibus venit. Invitati hospitaliter per domos.

Ubi spectaculi tempus venit deditaeque eo mentes cum oculis erant, tum ex composito orta vis signoque dato juventus Romana ad rapiendas vir-
10 gines discurrit.

Romulus prépare, en l'honneur de **Neptune**[1], des jeux solennels ; **il les appelle** « Consualia ». **Il annonce** ensuite **ce spectacle** aux voisins. **Beaucoup** de gens accoururent en foule, poussés aussi par le désir de voir la **nouvelle** ville. Toute la foule des **Sabins**[2] vint alors avec les enfants et leurs femmes. Ils furent invités **avec hospitalité** à entrer dans les maisons [des Romains].

Lorsque **le moment du spectacle** arriva, et que leurs esprits comme leurs **yeux** étaient captivés, **alors** selon le plan convenu l'attaque fut lancée et au signal donné, **la jeunesse romaine** s'élance pour enlever les jeunes filles.

TITE-LIVE, *Histoire romaine*, I, 9 (avec coupes). Traduction des auteurs.

1. Neptune est le dieu de la mer.
2. Les Sabins sont les voisins des Romains.

3 Encadrez dans le texte latin les mots en gras dans le texte français.

4 Soulignez l'expression latine (et sa traduction) qui lance l'enlèvement des Sabines.

Audace féminine

Quelque temps après ce rapt, une guerre éclate entre les Sabins et les Romains...

1 Alors, les Sabines, dont l'enlèvement avait causé cette guerre, leurs cheveux dénoués et leurs vêtements déchirés, osèrent, tant le
5 désespoir l'emportait sur la crainte naturelle des femmes, s'avancer sous les flèches qui volaient. Elles se jetèrent au milieu du champ de bataille, séparant les armées, sépa-
10 rant les fureurs ; elles suppliaient tour à tour leur père et leur mari de ne pas se couvrir par un crime affreux du sang d'un gendre ou d'un beau-père...

TITE-LIVE, *Histoire romaine*, I, 13.
Traduction des auteurs.

Jacques-Louis DAVID (1748-1825), *Les Sabines* (1799), huile sur toile, Musée du Louvre, Paris.

5 Soulignez les éléments du texte que David a représentés dans son tableau.

6 Comparez les deux femmes des deux tableaux (lumière, vêtements, attitude).

....

....

....

....

→ Le présent de l'indicatif

Observons

Video servos.	Je vois des esclaves.
Audio dominum.	J'écoute le maître de maison.
Amat linguam latinam.	Il/Elle aime la langue latine.
Amant linguam latinam.	Ils/Elles aiment la langue latine.

1 Lisez les phrases puis soulignez chaque verbe latin et sa traduction en français.

2 Quel mot nécessaire en français n'est pas exprimé en latin ? ....

Retenons

A Les temps primitifs : la « carte d'identité » du verbe

À savoir

• Apprenez par cœur les terminaisons : ce sont les mêmes pour tous les verbes : -o/-m, -s, -t, -mus, -tis, -nt

Dans le dictionnaire (ou dans le lexique, voir p. 109), un verbe est toujours présenté avec ses **temps primitifs**, c'est-à-dire **sa « carte d'identité »** : ce sont les cinq formes de base qui permettent de déterminer à quelle conjugaison le verbe appartient.

amo, as, are, avi, atum

amo	amas	amare	amavi	amatum
j'aime 1re pers. sg. du présent de l'indicatif	**tu aimes** 2e pers. sg. du présent de l'indicatif	**aimer** infinitif présent	**j'ai aimé/j'aimai** 1re pers. sg. du parfait de l'indicatif	**le fait d'aimer** supin (forme propre au latin)

B Les cinq modèles de conjugaison

En latin, les verbes sont classés en **5 groupes** qu'on appelle « conjugaison ».
• Les **terminaisons** indiquent les personnes et **remplacent le pronom personnel**.
On les appelle les **désinences**.
• Dans la 3e, 3e mixte et 4e conjugaisons, on ajoute pour certaines formes **une voyelle de liaison** entre le radical et la désinence.

	1re conjugaison	2e conjugaison	3e conjugaison	3e conjugaison mixte	4e congugaison
	amo, as, are, avi, atum : **aimer**	deleo, es, ere, delevi, deletum : **détruire**	lego, is, ere, legi, lectum : **lire**	capio, is, ere, cepi, captum : **prendre**	audio, is, ire, ivi, itum : **entendre**
	Radical : *ama-*	Radical : *dele-*	Radical : *leg-*	Radical : *capi-*	Radical : *audi-*
1re pers. sg.	am-**o**	dele-**o**	leg-**o**	capi-**o**	audi-**o**
2e pers. sg.	ama-**s**	dele-**s**	leg-i-**s**	capi-**s**	audi-**s**
3e pers. sg.	ama-**t**	dele-**t**	leg-i-**t**	capi-**t**	audi-**t**
1re pers. pl.	ama-**mus**	dele-**mus**	leg-i-**mus**	capi-**mus**	audi-**mus**
2e pers. pl.	ama-**tis**	dele-**tis**	leg-i-**tis**	capi-**tis**	audi-**tis**
3e pers. pl.	ama-**nt**	dele-**nt**	leg-u-**nt**	capi-u-**nt**	audi-u-**nt**

RECETTE pour conjuguer un verbe latin

Pour conjuguer le verbe latin qui signifie « faire » :

❶ Chercher ses temps primitifs (les 3 premières formes suffisent) → **facio, is, ere**.

❷ Regarder ensuite quel modèle de conjugaison il suit : facio, is, ere → **capio, is, ere**.

❸ Le conjuguer comme **capio** : faci-**o**, faci-**s**, faci-**t**, faci-**mus**, faci-**tis**, faci-u-**nt**.

Exerçons-nous

Reconnaître la conjugaison d'un verbe

3 Classez les verbes de la rubrique « Vocabulaire à retenir » dans le tableau ci-dessous.

1ʳᵉ conjugaison	2ᵉ conjugaison	3ᵉ conjugaison	3ᵉ conj. mixte	4ᵉ conjugaison
....	....	....	....	....
....	....	....	....	....
....	....	....	....	....
....	....	....	....	....

4 Donnez la première personne du singulier des formes verbales suivantes.

a. fugitis : .... – **b.** tenemus : .... – **c.** adsunt : .... – **d.** putant : ....

5 À partir des infinitifs des verbes ci-dessous et à l'aide du lexique p. 109, retrouvez les temps primitifs, le modèle de conjugaison et conjuguez-les aux personnes demandées.

Infinitifs	Temps primitifs et traduction	Type de conjugaison	1ʳᵉ pers. sg.	3ᵉ pers. pl.
facere	....	....	....	....
dicere	....	....	....	....
habere	....	....	....	....
pervenire	....	....	....	....

Conjuguer les verbes

6 Traduisez en français les formes verbales suivantes.

a. pugnat : .... – **b.** tenemus : .... – **c.** vides : ....

d. do : .... – **e.** venitis : .... – **f.** fugiunt : ....

g. faciunt : .... – **h.** damus : .... – **i.** estis : ....

j. puto : .... – **k.** potes : .... – **l.** venit : ....

7 Conjuguez ces verbes aux personnes indiquées à l'indicatif présent, puis traduisez-les.

a. venire/2ᵉ p. sg. : ....

b. capere/2ᵉ p. pl. : ....

c. abesse/3ᵉ p. pl. : ....

d. dare/3ᵉ p. sg. : ....

e. agere/1ʳᵉ p. pl. : ....

f. tenere/1ʳᵉ p. sg. : ....

Vocabulaire à retenir

▶ **Verbes**
ago, is, ere, egi, actum : mener, faire, agir
do, as, are, dedi, datum : donner
facio, is, ere, feci, factum : faire
fugio, is, ere, fugi, - : fuir
pugno, as, are, avi, atum : se battre
puto, as, are, avi, atum : penser
rapio, is, ere, rapui, raptum : emporter, enlever
teneo, es, ere, tenui, tentum : tenir
venio, is, ire, veni, ventum : venir
video, es, ere, vidi, visum : voir, regarder

▶ **Rappel**
sum, es, esse, fui, - : être
absum, abes, abesse, afui, - : être absent
adsum, ades, adesse, adfui, - : être présent
possum, potes, posse, potui, - : pouvoir

Nota bene
• Certains verbes n'ont **pas de supin**.

ÉTUDE DE LA LANGUE

→ Les mots-outils

Observons

a. Flora dicit : « Marce, pugnasne ? » — Flora dit : « Marcus, est-ce que tu te bats ? »

b. Respondet : « Pugno fugioque. » — Il répond : « Je me bats et je m'enfuis. »

c. Marcus dicit : « Venitisne in agrum ? » — Marcus dit : « Venez-vous dans le champ ? »

d. Respondent : « Non venimus in agrum ». — Ils répondent : « Nous ne venons pas dans le champ. »

e. Flora dicit : « Estne in templo ? » — Flora dit : « Est-il dans le temple ? »

f. Marcus respondet : « Est in templo et venit. » — Marcus répond : « Il est dans le temple et il vient ».

1 D'après les phrases a, c et e, quel élément permet de poser une question en latin ?

....

2 Dans les phrases b et f, encadrez les deux façons de dire « et » en latin.

3 Soulignez la préposition latine qui indique le lieu.

Retenons

A La coordination (« et »)

En latin, on traduit « **et** » par **et**, **atque** (ou **ac** si le mot qui suit commence par une consonne) ou par la particule **-que**, soudée à la fin du second mot.
    Exemple : Servus **et** dominus – Servus **ac** dominus – Servus dominus**que**. L'esclave et le maître.

B L'interrogation

En latin, pour poser une question à laquelle la réponse est « oui » ou « non », on soude la particule **-ne** au mot sur lequel porte la question.
    Exemple : Veni**sne** ? Est-ce que tu viens ?

C L'expression du lieu

Pour parler du lieu **où l'on est**, le latin utilise la préposition **in** suivie de **l'ablatif**.
    Exemple : Servus **in** templo est. L'esclave est dans le temple.

● Pour parler du lieu **où l'on va**, le latin utilise également la préposition **in** mais suivie de **l'accusatif** cette fois.
    Exemple : Servus **in** templum venit. L'esclave vient dans le temple.

● Pour dire « **vers, à** », le latin utilise aussi la préposition **ad** suivie de **l'accusatif**.
    Exemple : Servus **ad** templum venit. L'esclave vient vers le temple.

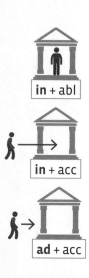

in + abl

in + acc

ad + acc

D La négation

En latin, « **ne... pas** » se dit **non**.
    Exemple : Dominus rosas puellae dat. Le maître donne des roses à la jeune fille.
    Dominus rosas puellae **non** dat. Le maître ne donne pas de roses à la jeune fille.

● Pour traduire « **ni** » ou « **et ne... pas** », on emploie **nec** (devant consonne) ou **neque** (devant voyelle).
    Exemple : Dominus **non** videt **neque** audit. Le maître ne voit ni n'entend.

38

© Nathan 2014 – Photocopie non autorisée.

Exerçons-nous

Utiliser les compléments de lieu

4 **1.** Complétez le mot au cas qui convient. **2.** Traduisez ensuite les phrases en français.

a. In agr......... non sumus. ....

b. In templ......... veniunt. ....

c. Dominus in magn......... loc......... est. ....

d. Lupa ad bon......... puer......... venit. ....

e. Ad agr......... fugit servi filius. ....

Maîtriser l'interrogation, la négation et la coordination

5 Traduisez les phrases suivantes en français.

a. Puella in templum venit. Deae statuam non spectat. Tamen deae rosas dat.

....

....

b. Romulus et Remus belli dei Rheaeque filii sunt.

....

c. Pugnat neque fugit. ....

d. Nec pueri nec puellae fugiunt. ....

e. Dominus aquam servis non dat, sed servos in multos agros agit.

....

....

6 Traduisez les phrases suivantes en latin.

a. Nous ne pouvons pas lire. ....

b. Les Romains enlèvent des jeunes filles, mais ils ne combattent pas.

....

c. Est-ce que tu aimes la belle fille du maître ? ....

d. Beaucoup d'esclaves travaillent dans les champs. ....

Boîte à outils

Romain :
Romanus, i, m.
Fille : **filia, ae**, f.
Beau/belle :
**pulcher,
pulchra,
pulchrum**
Travailler :
laboro, as, are.

7 Retrouvez les mots latins correspondants aux définitions suivantes.

Atque			T	
Il est :				T
Ils donnent :				T
La terre :		T		
Le supin de teneo :		T		
Ils font :				T

Vocabulaire à retenir

▶ **Mots-outils**
ad + acc. : vers, à
aut : ou
et, (atque, ac, -que) : et
in + acc. ou + abl. : dans
-ne : est-ce que... ?
nec : et ne... pas ; ni
neque : et ne... pas ; ni
non : ne... pas
sed : mais
tamen : cependant
tum : alors

Les outils du traducteur

1 **Dites si les affirmations suivantes sont vraies ou fausses.**

	Verum	Falsum
a. Dans une phrase latine, je commence toujours par trouver le sujet.	☐	☐
b. Un verbe se décline.	☐	☐
c. La « carte d'identité » d'un verbe en latin s'appelle les temps primitifs.	☐	☐
d. Il y a six modèles de conjugaison.	☐	☐

2 **Reliez chaque forme verbale à sa traduction.**

a. sumus ●   ● Vous prenez

b. amant ●   ● Ils aiment

c. capitis ●   ● Lire

d. audiunt ●   ● Nous sommes

e. legere ●   ● Ils entendent

3 **Traduisez les mots-outils ci-dessous.**

a. -que : ....

b. -ne : ....

c. ad + acc. : ....

d. neque : ....

Traduire pas à pas

4 **Cochez la bonne traduction.**

a. Filiis agrum do.
☐ Je donne un champ à mes fils.
☐ Les fils donnent un champ.
☐ Je donne des champs à mon fils.

b. Domini boni filium rapit.
☐ Le fils enlève le bon maître.
☐ Les bons maîtres enlèvent le fils.
☐ Il enlève le fils du bon maître.

c. Pueri magna pericula vident.
☐ L'enfant voit le grand danger.
☐ Les grands enfants voient les grands dangers.
☐ Les enfants voient les grands dangers.

d. Sabinorum puellas Romani rapiunt.
☐ Les Romains enlèvent les jeunes filles des Sabins.
☐ Les Sabins prennent les jeunes filles aux Romains.
☐ Les jeunes filles sabines emportent des Romains.

e. Rapiuntne Romani puellas in silvam ?
☐ Est-ce que les jeunes filles des Romains sont emportées dans la forêt ?
☐ Est-ce que les jeunes filles enlevées par les Romains sont dans la forêt ?
☐ Est-ce que les Romains emportent les jeunes filles dans la forêt ?

f. Amamus nec bellum nec victoriam.
☐ Ils aiment la guerre mais pas la victoire.
☐ Nous n'aimons pas la guerre, mais la victoire.
☐ Nous n'aimons ni la guerre ni la victoire.

5 **Traduisez en latin les mots surlignés.**

a. Les enfants n'aiment pas les dangers. ....pericula non...........................

b. Les jeunes filles lisent beaucoup de livres. ....libros...........................

c. Je peux défendre la patrie. ....defendere.

d. Dieux, vous n'aimez pas la guerre ....

Boîte à outils

lupus, i, m. : loup.
ut ? : comment ?
valeo, es, ere : aller, se porter
optime : très bien
gratias ago, is, ere : remercier
quo ? : où ?
vado, is, ere : aller, se diriger
vicinus, i, m. : voisin
minime : non
debeo, es, ere : devoir
equus, i, m. : cheval
ego : moi
oro, as, are : prier
ludo, is, ere : jouer
hortus, i, m. : jardin
laboro, as, are : travailler

6 **Exercice « boule de neige ». Traduisez.**

a. Pueri multi sunt. ....

b. Boni domini pueri multi sunt. ....

c. Boni domini pueri multi sunt et ad magnum templum deae veniunt. ....

....

d. Boni domini pueri multi sunt et ad magnum templum deae veniunt, sed lupum vident

fugiuntque. ....

....

7 **Traduisez la petite saynète suivante, puis jouez-la en latin !**

1 MARCUS : Salve, Flora.
FLORA : Salve, Marce ! Ut vales ?
MARCUS : Optime, gratias ago.
FLORA : Quo vadis ?
5 MARCUS : Vado in vicini agrum.
FLORA : Venisne in forum ?
MARCUS : Minime, non possum in forum venire : debeo vicini equis aquam dare.
10 FLORA : Ego, vado in forum : debeo bonam deam orare. Potesne ludere in horto ?
MARCUS : Minime, non possum ludere. Laborare debeo.

MARCUS : ....

FLORA : ....

MARCUS : ....

FLORA : ....

MARCUS : ....

FLORA : ....

MARCUS : ....

....

FLORA : ....

....

MARCUS : ....

....

Version

Les barbares

1 Barbari e Germaniae terra veniunt. Romani multos barbaros timent. Pugnam parant, deos orant dicuntque : « Romani, in pugna, animum habere debemus ! ». Tunc dei animum Romanis dant. Romani nunc pugnare debent : barbari fugam capiunt et Romani barbaros vincunt. Dei victoriam Romanis
5 in multis pugnis dant. Romani, debetis semper deis gratias agere !

Boîte à outils

timeo, es, ere : craindre, redouter
pugna, ae, f. : combat
paro, as, are : préparer
oro, as, are : prier
dico, is, ere : dire
animus, i, m. : courage
habeo, es, ere : avoir
debeo, es, ere : devoir
tunc : alors
nunc : maintenant
fuga, ae, f. : fuite
vinco, is, ere : vaincre
semper : toujours

8 **Traduisez le texte ci-dessus.**

....

....

....

....

....

....

Du latin au français

Mémoriser le vocabulaire latin

1 Sur le supin de quel verbe latin a-t-on formé les mots français suivants ? Proposez une définition du mot français en vous aidant du sens du verbe latin.

a. prévision : ....

b. amateur : ....

c. rapt : ....

d. horodateur : ....

e. putatif : ....

2 Les mots de chaque liste ont pour racine un mot latin. Donnez-le.

a. domination – domaine – dom – domino : ....

b. fuir – hydrofuge – fugitif : ....

c. réputer – *computer* – disputer – supputer : ....

d. rapace – rapine – usurpateur – rapt : ....

e. trivial – viatique – viaduc : ....

3 Les mots français suivants sont des anagrammes des verbes (conjugués ou non) ou des mots outils de la leçon. Retrouvez-les.

a. tua : ....

b. mut : ....

c. mus : ....

d. des : ....

e. rade : ....

f. devis : ....

> **Le savez-vous ?**
>
> Une **anagramme** est un mot dont on mélange les lettre pour en faire un autre. Par exemple : « ancre » est l'anagramme de « nacre ».

Enrichir son vocabulaire

4 En français, le préfixe *ad-* (et ses variantes *a-* ; *ac-* ; *af-* ; *ap-* ; *at-*) vient du latin ad + acc. (vers). C'est un préfixe fréquent qui désigne le mouvement vers quelque chose ou quelqu'un, ou encore une transformation visée.

a. Associez une étiquette contenant un préfixe à une autre contenant un mot, puis formez un verbe à partir de cette association.

Préfixes	Mots	Verbes composés
ac-	clameur	acclamer
af-	proche	....
an-	sûr	....
ap-	terre	....
as-	nul	....
at-	fou	....

b. Trouvez trois autres verbes construits de la même façon.

....

5 Le verbe **facio, is, ere, feci, factum** (faire) a donné de nombreux mots français en *-fection*. Complétez les phrases suivantes au moyen d'un de ces mots.

a. Pour éviter les .... , il est nécessaire de bien se laver les mains.

b. Ma maison menace ruine : c'est pourquoi elle est en ....

c. Mona est très exigeante : elle veut toujours tout faire à la ....

d. Il n'y avait plus aucune place pour le concert, mais grâce à la ....
d'un spectateur, j'ai pu y assister.

e. Isaure est passionnée par la mode : elle voudrait travailler dans la ....

f. Pablo témoigne beaucoup .... à ses parents.

6 Complétez les phrases suivantes avec des mots issus du verbe **pugno, as, are, avi, atum** (combattre).

a. Une telle attitude est révoltante, elle me ....

b. Pierre ne s'avoue jamais vaincu, il est ....

c. Les manifestants défilaient, le ....levé.

d. Pour entraîner une équipe de football, il faut de la ....

7 **Ils l'ont dit !**

Barba non facit
philosophum !

a. Traduisez ce proverbe latin.

....
....
....

b. Rapprochez-le d'une autre maxime française.

....
....
....

Ludus

8 Rébus : observez attentivement ces dessins et retrouvez des mots latins que vous connaissez.

À savoir

• Le mot **rébus** est l'ablatif pluriel du mot **res, rei, f.** : la chose (5ᵉ déclinaison). On peut le traduire par « au moyen de choses ». Et un rébus consiste effectivement à faire deviner un mot au moyen de choses dessinées !

a... **b.**.. **c.**..

Les Étrusques et les Romains

Les Étrusques, un peuple influent

Zone habitée par les Étrusques au VII⁰ siècle av. J.-C.

Mer Méditerranée — Rome

La civilisation étrusque est apparue vers le XI⁰ s. av. J.-C. et a disparu quand elle fut assimilée entièrement dans la civilisation romaine au I⁰ʳ s. av. J.-C. Ses origines restent mystérieuses : on ne sait si les Étrusques étaient originaires d'Italie ou d'Asie mineure. Ils se répartissaient dans une douzaine de cités indépendantes et prospères. Ils étaient de grands bâtisseurs et ont exercé une forte influence à Rome, notamment lorsque le peuple romain les élut rois.

1 À la faveur de la paix, on entreprit des travaux avec une ardeur encore plus grande que l'effort mis à faire la guerre par Tarquin[1]. Il fit clore d'une enceinte en pierre toutes les parties de la ville qui n'étaient pas encore protégées. Dans les endroits les plus bas de Rome – les environs du forum et les étroites vallées séparant les collines – l'absence de pente ne permettait pas aux eaux de s'évacuer.

5 Tarquin les fit assécher par des égouts – le plus célèbre étant la *Cloaca Maxima* –, partant des hauteurs pour se déverser dans le Tibre. Il avait également, lors de la guerre contre les Sabins, dédié un espace du Capitole à la construction d'un temple de Jupiter.

D'après TITE-LIVE, *Histoire romaine* I, 38, 6-7. Traduction des auteurs.

1. Tarquin l'Ancien, premier roi étrusque de Rome.

1 **Quels sont les trois grands travaux entamés par Tarquin l'Ancien ?**

....

....

2 **Qu'appelle-t-on de nos jours un « cloaque » ?**

....

3 a. **Faites une recherche pour retrouver dans la liste ci-dessous les rois étrusques de Rome et soulignez leurs noms.**

RECHERCHES

Romulus
(-753 à -716)

Titus Tatius
(env.-745 à env.-740)

Numa Pompilius
(-715 à -671)

Tullus Hostilius
(-671 à -640)

Ancus Marcius
(-640 à -616)

Tarquin l'Ancien
(-616 à -578)

Servius Tullius
(-578 à -534)

Tarquin le Superbe
(-534 à -509)

b. **Combien de temps les Étrusques ont-ils régné sur Rome ?** ....

Histoire des Arts — Un peuple artiste

Les Étrusques étaient également de remarquables artistes (joaillerie, sculpture, céramique…), connus surtout aujourd'hui pour les fresques dont ils ornaient les tombes des défunts. **La tombe des léopards** *(ci-dessous) doit son nom à deux léopards peints sur le haut de cette fresque. Elle se trouve dans une nécropole et daterait de la deuxième moitié du Ve siècle av. J.-C.*

Le savez-vous ?

Une **nécropole** (étymologiquement, « la cité des morts ») est un groupement de sépultures monumentales, assez souvent à l'écart des lieux de culte.

La tombe des léopards (détail), Ve s. av. J.-C., Tarquinia, Italie.

La fresque

■ Le mot **fresque** vient de l'expression italienne *a fresco*, qui veut dire « dans le frais ».

■ Pour peindre une fresque, on dépose **plusieurs couches de mortier de chaux** sur le mur, on trace un **dessin au crayon** sur l'avant-dernière couche (*l'arriciato*) et enfin on dépose les couleurs sur la dernière (*l'intonaco*). Les **couleurs** pénètrent dans cette couche et se fixent en profondeur.

4 **Les couleurs sont obtenues par des pigments naturels. Reportez dans les cadres autour de l'image le nom des pigments correspondant aux couleurs désignées : carbone, lapis-lazuli, ocre.**

5 **L'homme et la femme mangent ensemble allongés sur le même lit. Comment le peintre a-t-il marqué la différence entre eux ?**

....

....

....

6 **Quels éléments indiquent qu'il s'agit d'une scène de banquet ?**

....

....

....

7 **Trouvez l'œuf représenté dans la fresque et entourez-le sur l'image. De quoi peut-il être le symbole dans une tombe ?**

....

....

....

BILAN

▶ Je comprends un texte latin

1 **Lisez le texte latin.**

Fille ingrate !

Mort de l'avant-dernier roi de Rome, Servius Tullius.

1 Statim Tarquinius Superbus, a Tullia incitatus, senatum advocat repetitque regnum.	Aussitôt Tarquin le Superbe[1] poussé par Tullia[2], ...
Tum Servius ad curiam contendit : jussu Tarquinii gradibus dejectus est, et domum 5 refugiens interfectus est.	.... : sur l'ordre de Tarquin, il fut jeté en bas des marches, et tandis qu'il fuyait chez lui, il fut tué.
Tullia, carpento vecta, in forum properat, virum vocat, et prima regem salutat.	Tullia, transportée sur un char, ... du nom de roi.
Deinde domum redit et videt corpus patris. Mulionem evitantem super ipsum corpus 10 carpentum agere praecipit.	Ensuite elle rentre chez elle .... Elle ordonne à son cocher qui l'évitait de faire rouler le char sur le corps même.
Servius Tullius regnavit XLIV annos.	.... règna ....

D'après Lhomond, *De viris*, 7.

1. Fils de Tarquin l'Ancien.
2. Fille de Servius Tullius.

2 **a. Soulignez les verbes au présent dans le texte latin.**

b. Entourez les mots-outils.

c. Complétez la traduction en vous aidant de la boîte à outils ci-contre.

Boîte à outils

advoco, as, are : convoquer
repeto, is, ere : réclamer
regnum, i, n. : royaume
curia, ae, f. : curie (autre nom du sénat)
contendo, is, ere : aller, se rendre
propero, as, are : se hâter
voco, as, are : appeler
vir, i, m. : homme, mari
primus, a, um : premier
saluto, as, are : saluer
pater, patris, m. : père

▶ Je maîtrise la langue

3 **Cochez la bonne traduction.**

a. Sumus in templo.
☐ Nous sommes dans le temple.
☐ Nous allons vers le temple.

b. Venitisne ?
☐ Est-ce que vous venez ?
☐ Est-ce que tu viens ?

c. Domini neque magni neque boni sunt.
☐ Le maître n'est ni grand ni bon.
☐ Les maîtres ne sont ni grands ni bons.

d. Venio ad templa.
☐ Je viens vers les temples.
☐ Je viens dans le temple.

Je connais les débuts de l'histoire de Rome

4 **Flora a renversé sa boisson sur le résumé de Marcus... Aidez-la à le réécrire !**

Énée est le fils du Troyen Anchise et de la déesse .... Lors de la prise ...., il quitte sa ville natale avec .... et son fils .... pour aller fonder une nouvelle ville. Après plusieurs aventures, il arrive en Italie, où il fonde une cité ; son fils fonde Albe. Plus tard, un de ses descendants a deux fils, Numitor et Amulius : ils se disputent. Numitor prend le pouvoir : il fait enfermer son frère et sa fille .... Celle-ci tombe enceinte et accouche de jumeaux. Numitor les fait jeter .... Mais une .... entend leurs cris et les nourrit. Plus tard, les jumeaux grandissent et décident de construire une ville en l'an .... Pour savoir qui est le roi, ils consultent les .... : .... voit le premier .... oiseaux, mais .... en voit ensuite .... : Rémus, jaloux, défie son frère, mais Romulus le tue. Ensuite Romulus cherche à agrandir sa ville ; pour cela, il doit trouver des femmes : Romulus organise des jeux et enlève .... Quand Romulus meurt, il est remplacé par un autre roi, ... Le dernier roi de Rome est .... : il est chassé en −509 : c'est le début de ....

Je connais le vocabulaire latin

5 **Complétez cette grille en traduisant les verbes ci-dessous. Vous trouverez ainsi le nom latin du régime politique que Rome choisira après la royauté !**

1. Nous emportons
2. Ils tiennent
3. Tu vois
4. Je pense
5. Tu fuis
6. Je suis absent
7. Ils détruisent
8. Vous êtes
9. Vous faites
10. Il donne

Je m'évalue

Compétences du socle commun travaillées	Exercices	Date
Compétence 1 – La maîtrise de la langue française		
▶ Adapter son mode de lecture à la nature du texte proposé et à l'objectif poursuivi.	Exercices 1, 2 et 3	....
Compétence 5 – La culture humaniste		
▶ Avoir des connaissances et des repères relevant de l'espace et du temps.	Exercice 4	....

4 À la maison

> À Rome, les gens les plus pauvres habitaient dans des *insulae*, c'est-à-dire des immeubles, et les plus fortunés possédaient de très belles demeures : les *domus*. Ils avaient souvent aussi une *villa* : maison de campagne avec une ferme et des terres.

Lire l'image

....

....

L'..................... d'un riche Romain, 1868.
Lawrence ALMA-TADEMA (1836-1914), Yale University Art Gallery, New Haven.

1 **Lisez les phrases suivantes qui décrivent l'image.**

a. In atrio, dominus accipiebat salutationes. Dans l'atrium, le maître recevait des visites.
b. In centro atrii erat impluvium, id est parvus lacus in quem pluvia cadebat. Au centre de l'atrium se trouvait l'impluvium, c'est-à-dire un petit bassin dans lequel tombait la pluie.
c. Erat fons aliquando. Il y avait parfois une fontaine.
d. Super impluvium, erat apertura in tecto : magnam lucem ferebat in domum. Au-dessus de l'impluvium, il y avait une ouverture dans le toit : elle apportait beaucoup de lumière dans la maison.
e. Inter atrium et hortum erat tablinum, ubi dominus laborabat. Entre l'atrium et le jardin se trouvait le tablinum, où le maître travaillait.
f. Circum hortum, salutatores poterant videre peristylum, id est parvus porticus. Autour du jardin, les visiteurs pouvaient voir un péristyle, c'est-à-dire un petit portique.

2 **Soulignez les verbes à l'imparfait en français et en latin.**

3 **Pourquoi emploie-t-on ce temps ici ?** ....

4 **Complétez le titre de l'image et les encadrés avec les mots suivants.**

atrium – impluvium – fons – hortus – peristylum

Lire en latin

Une demeure aux nombreuses pièces

1 Vestibulum in oecum majorem media in domo situm ducebat, cui erat nomen atrium. Atrium erat oecus principalis, ubi focus et lararium posita erant. In atrio cubiculorum, tricliniorum

5 et tablini aditus erant ; praeterea tabernae extra domum in viam versus positae erant.

Posterior domus pars circa peristylum sita erat. Peristylum erat hortus parvus, saepe porticibus circumdatus.

10 Circa peristylum balnea, culina et triclinium aestivale sita erant.

Le .... menait vers une assez grande pièce, située au centre de la maison, nommée ....

L'atrium était la pièce .... où le foyer et le laraire[1] étaient placés. Dans l'atrium il y avait l'entrée des chambres, des salles à manger et du .... ; en outre, des échoppes, qui ne faisaient pas partie de la maison, étaient tournées vers ....

La partie suivante de la maison était disposée autour du .... Le .... était un petit .... souvent entouré d'un portique.

Autour du .... étaient disposés les .... , la cuisine et la .... d'été.

D'après *Vicipedia*. Traduction des auteurs.

1. Le laraire est un petit autel destiné au culte des Lares, divinités protectrices du foyer.

5 **Complétez la traduction du texte ci-dessus.**

6 **Complétez la légende du plan de la domus avec les termes suivants.**

atrium – cubiculum – culina – hortus – peristylum – tablinum – triclinium – vestibulum – impluvium

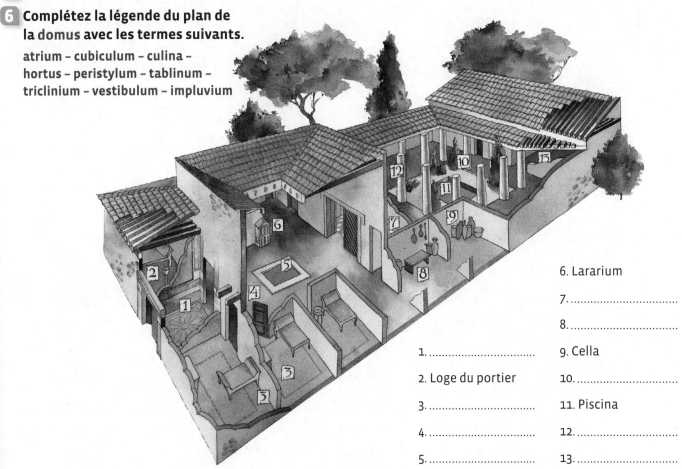

1. ....
2. Loge du portier
3. ....
4. ....
5. ....
6. Lararium
7. ....
8. ....
9. Cella
10. ....
11. Piscina
12. ....
13. ....

→ L'imparfait de l'indicatif

Observons

Flora videbat Marci villam.
Flora et Marcus in magnum templum veniebant.

Flora regardait la ferme de Marcus.
Flora et Marcus venaient dans le grand temple.

1 Soulignez les verbes à l'imparfait dans les phrases en latin.

2 Quel est le point commun entre leurs terminaisons ? ....

Retenons

RECETTE pour former l'imparfait

Exemple do, das, dare, davi, datum : **donner**, à l'imparfait
① Prendre le radical du verbe → da-
② Ajouter le suffixe **-ba** / **-eba** → da-ba-
③ Puis les terminaisons : **-m, -s, -t, -mus, -tis, -nt** → da-b-am, da-b-as...

A L'imparfait

	1re conjugaison	2e conjugaison	3e conjugaison	3e conjugaison mixte	4e congugaison
	amo, as, are, avi, atum : **aimer**	deleo, es, ere, delevi, deletum : **détruire**	lego, is, ere, legi, lectum : **lire**	capio, is, ere, cepi, captum : **prendre**	audio, is, ire, ivi, itum : **entendre**
	Radical : *ama-*	Radical : *dele-*	Radical : *leg-*	Radical : *capi-*	Radical : *audi-*
1re pers. sg.	ama-**ba**-m	dele-**ba**-m	leg-**eba**-m	capi-**eba**-m	audi-**eba**-m
2e pers. sg.	ama-**ba**-s	dele-**ba**-s	leg-**eba**-s	capi-**eba**-s	audi-**eba**-s
3e pers. sg.	ama-**ba**-t	dele-**ba**-t	leg-**eba**-t	capi-**eba**-t	audi-**eba**-t
1re pers. pl.	ama-**ba**-mus	dele-**ba**-mus	leg-**eba**-mus	capi-**eba**-mus	audi-**eba**-mus
2e pers. pl.	ama-**ba**-tis	dele-**ba**-tis	leg-**eba**-tis	capi-**eba**-tis	audi-**eba**-tis
3e pers. pl.	ama-**ba**-nt	dele-**ba**-nt	leg-**eba**-nt	capi-**eba**-nt	audi-**eba**-nt

B Les verbes irréguliers à connaître

● **Sum** et **possum** sont irréguliers à l'imparfait.

	sum	possum
1re pers. sg.	eram	poteram
2e pers. sg.	eras	poteras
3e pers. sg.	erat	poterat
1re pers. pl.	eramus	poteramus
2e pers. pl.	eratis	poteratis
3e pers. pl.	erant	poterant

● Un autre verbe irrégulier très fréquent est à connaître : **eo, is, ire, ivi, itum : aller**.

	PRÉSENT	IMPARFAIT
1re pers. sg.	eo	ibam
2e pers. sg.	is	ibas
3e pers. sg.	it	ibat
1re pers. pl.	imus	ibamus
2e pers. pl.	itis	ibatis
3e pers. pl.	eunt	ibant

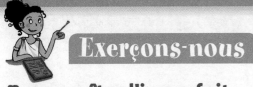

Exerçons-nous

Reconnaître l'imparfait

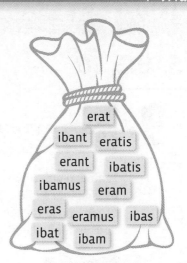

3 Sum et eo sont conjugués à l'imparfait, mais ils ont été mélangés dans le sac ci-contre ! Remettez-les dans l'ordre.

erat · ibant · eratis · erant · ibatis · ibamus · eram · eras · eramus · ibas · ibat · ibam

Sum		Eo	
....	....	....	....
....	....	....	....
....	....	....	....

4 Entourez les formes à l'imparfait.

legit – pugnabat – capiebant – habetis – aderatis – poteramus – amamus – damus – veniebas – putamus – videbatis – habebatis.

5 Traduisez les formes verbales suivantes.

faciebatis : .... – delebant : ....

pugnabas : .... – videbat : ....

ibatis : .... – ambulabam : ....

aberamus : ....

Conjuguer au présent et à l'imparfait

6 Mettez au présent les formes verbales suivantes, puis traduisez.

habebant : .... – ibant : ....

videbamus : .... – capiebat : ....

veniebatis : .... – fugiebas : ....

ibat : .... – faciebam : ....

7 **1.** Traduisez les phrases suivantes. **2.** Passez les verbes latins au pluriel.

a. In horto ambulabas. ....

b. Puellas videbat. ....

c. V filios habebam. ....

d. In silvam ibas. ....

8 Complétez le tableau ci-dessous.

Verbes	Personne	Imparfait	Traduction	Présent	Traduction
....	....	....	Tu lisais	....	....
....	....	....	....	....	Nous donnons
....	....	Eratis	....	....	....
....	....	....	Il faisait	....	....
Pugno, as, are	....	....	....	Pugnatis	....

Vocabulaire à retenir

▶ **Verbes**
ambulo, as, are, avi, atum : se promener
eo, is, ire, ivi, itum : aller
habeo, es, ere, habui, habitum : avoir

▶ **Noms**
familia, ae, f. : maisonnée
hortus, i, m. : jardin
silva, ae, f. : forêt
villa, ae, f. : maison de campagne
vir, viri, m. : homme

▶ **Adjectifs**
beatus, a, um : heureux
laetus, a, um : plaisant, joyeux

▶ **Mot-outil**
cum + abl. : avec

→ *Is, ea, id*

Observons

Templum video. Id video.	Je vois le temple. Je le vois.
Id templum video.	Je vois ce temple.
Dominum audio. Eum audio.	J'écoute le maître. Je l'écoute.
Eum dominum audio.	J'écoute ce maître.

1 **Observez id.**

a. Dans les phrases latines, quel est le genre du nom auquel **id** se rapporte ?

....

b. Soulignez les mots français qui le traduisent.

c. Quelle est la nature grammaticale de ces mots ?

....

2 **Observez maintenant eum.**

a. Soulignez les mots français qui le traduisent.

b. Pourquoi, d'après vous, est-il différent de **id** ?

....

Retenons

A **L'adjectif *is, ea, id***

● Employé comme **adjectif** (c'est-à-dire **avec un nom**), **is, ea, id** se traduit par un **déterminant démonstratif (ce, cette, ces).**

Exemples : **Id** templum video. Je vois **ce** temple.
Eam puellam video. Je vois **cette** jeune fille.

B **Le pronom *is, ea, id***

● Employé comme **pronom** (c'est-à-dire **seul**), il se traduit par un **pronom démonstratif (celui-ci, celui-là, ceci, cela...)** ou par un **pronom personnel (il, elle, lui, le, la, les, leur).**

Exemples : Templum magnum est. **Id** video. Le temple est grand. Je **le** vois.
Pueros video. **Ei** magni sunt. Je vois des enfants. **Ceux-ci** sont grands.

● **NB** : employé au **génitif**, il est traduit par un **déterminant possessif (son, sa, ses, leur, leurs).**

Exemple : Flora habitat domum. Domum **ejus** videtis. Flora habite une maison. Vous voyez **sa** maison (= *la maison de celle-ci.*)

	SINGULIER			PLURIEL		
	Masculin	**Féminin**	**Neutre**	**Masculin**	**Féminin**	**Neutre**
Nominatif	is	ea	id	ei (ii)	eae	ea
Accusatif	eum	eam	id	eos	eas	ea
Génitif	ejus	ejus	ejus	eorum	earum	eorum
Datif	ei	ei	ei	eis (iis)	eis (iis)	eis (iis)
Ablatif	eo	ea	eo	eis (iis)	eis (iis)	eis (iis)

Exerçons-nous

Distinguer en français pronom et déterminant

3 Complétez le tableau ci-dessous en donnant la nature grammaticale des mots en gras.

Phrase	Pronom	Déterminant
Exemple : J'aime cette maison.	J'	cette
Mange **ces** épinards sinon **ils** vont refroidir.	....	....
Ils félicitent **leurs** esclaves.	....	....
Voici **des** fruits : **ils les leur** ont donnés.	....	....

Maîtriser *is, ea, id* comme adjectif

4 Associez chaque adjectif démonstratif au nom qui convient.

eorum •   • caelum

eam •   • amicorum

id •   • curae

ei •   • puellam

5 Traduisez les groupes nominaux suivants en les déclinant au cas demandé.

a. Ces guerres (*accusatif*) : ....

b. Ces fils (*génitif*) : ....

c. Cette route (*ablatif*) : ....

d. Ces dieux (*nominatif*) : ....

e. Ce lieu (*datif*) : ....

Maîtriser *is, ea, id* comme pronom

6 Complétez les phrases latines par la forme correcte de is, ea, id, pour reprendre les mots en gras, puis traduisez.

a. **Multi pueri** in horto sunt : Marcus .... in forum agunt. ....

....

b. **Agros** videmus : in .... sunt equi. ....

....

c. **Puella mala** erat. Servi .... non parebant. ....

....

d. Romani **puellas** rapiunt : .... video. ....

....

Vocabulaire à retenir

▶ **Noms**
amicus, i, m. : ami
caelum, i, n. : ciel
cura, ae, f. : soin, souci
fabula, ae, f. : histoire
liber, bri, m. : livre
populus, i, m. : peuple
verbum, i, n. : parole

▶ **Adjectif**
dignus, a, um : digne
saevus, a, um : cruel, sévère

▶ **Verbes**
diligo, is, ere, lexi, lectum : apprécier, aimer
invito, as, are, avi, atum : inviter
mitto, is, ere, misi, missum : envoyer
pareo, es, ere, parui, paritum (+ dat.) : obéir à
vivo, is, ere, vixi, victum : vivre

▶ **Mots-outils**
a, ab + abl. : loin de, de
deinde : ensuite
e, ex + abl. : de, hors de
saepe : souvent

Atelier de traduction

Les outils du traducteur

1 **Rappelez la recette de l'imparfait.**

Radical + suffixe .... + ...

2 **Classez les étiquettes dans le bon vase.**

| aureus, a, um | | succinctus, a, um | | plaga, ae, f. | | cingulum, i, m. | | limen, inis, n. | | sto, as, are |

purgo, as, are | lanx, lancis, f. | saluto, as, are | dominicus, a, um

pervenio, is, ire | argenteus, a, um

Noms

Verbes

Adjectifs

3 **Associez chaque forme verbale à sa traduction.**

erat ● ● ils pouvaient
poterant ● ● j'étais
sunt ● ● elle était
eratis ● ● nous sommes présents
adsumus ● ● ils sont
eram ● ● vous étiez

4 **Choisissez la bonne traduction.**

Ambulo equo cum amicis in horto.
☐ Je promène un cheval avec un ami vers le jardin.
☐ Mes amis promènent un cheval dans le jardin.
☐ Je me promène à cheval avec mes amis dans le jardin.

Traduire pas à pas

5 **Barrez et corrigez quand la traduction est incorrecte.**

a. In triclinio servus viro aquam dabat. Dans le triclinium, l'homme donne de l'eau à l'esclave.

....

b. Puellae cum pueris in silvam eunt. La jeune fille est dans la forêt avec les enfants.

....

c. Multi servi in domini tablinum veniebant : eum audiebant magna cura. Beaucoup d'esclaves venaient dans le bureau du maître : ils l'écoutaient avec grand soin.

....
....

d. In Florae villa est magnus hortus. Flora laeta est : equum habet. Flora a un grand jardin et une grande maison de campagne. Flora est heureuse : elle a des chevaux.

....
....

6 **Traduisez les phrases suivantes.**

a. Romuli et Remi fabulam eis legebam. ....

....

b. In ea villa dominus saevus erat. ....

....

c. Marcus Floram diligit : eam saepe invitat. ....

....

d. Imus ad eam villam. ....

Version

7 **Pour préparer la traduction, lisez le texte latin ci-contre puis cochez la bonne réponse.**

a. Au-dessus de la porte il y a :
☐ une affiche
☐ une cloche
☐ une sonnette

b. Le maître de maison est attentionné avec ses esclaves.
☐ vrai
☐ faux

c. Le portier mange des cerises et des pois.
☐ vrai
☐ faux

d. Qu'est-ce qui est en or ?
☐ le plat
☐ la cage
☐ la porte

e. Qui salue les arrivants ?
☐ le gardien
☐ une pie
☐ un perroquet

Une drôle de maison

Deux jeunes gens arrivent devant la maison d'un riche Romain...

1 Ad januam pervenimus in cujus poste libellus erat cum ea inscriptione :
QVISQVIS SERVVS SINE DOMINICO IVSSV FORAS EXIERIT, ACCIPIET PLAGAS CENTVM.
In vestibulo autem stabat ostiarius prasinatus, cerasino
5 succinctus cingulo, atque in lance argentea pisum purgabat.
Super limen autem cavea pendebat aurea, in qua pica varia intrantes salutabat.

D'après PÉTRONE, *Le Satyricon*, XXVIII.

8 **Traduisez le texte.**

....

....

....

....

....

....

....

....

....

....

....

Boîte à outils

janua, ae, f. : la porte (d'une maison)
pervenio, is, ire : parvenir
in cujus poste : au fronton de laquelle
libellus, i, m. : affiche
quisquis servus : tout esclave qui
sine + abl. : sans
jussus, us, m. : ordre (ici à l'abl.)
dominicus, a, um : du maître
foras : dehors
exierit : sortira
accipiet : recevra
plaga, ae, f. : coup

centum : cent
autem : et
sto, as, are : se tenir debout
ostiarius, ii, m. : portier
prasinatus, a, um : habillé de vert
succinctus, a, um : entouré
cingulum, i, n. : ceinture
cerasinus, a, um : (couleur) cerise
lanx, lancis, f. : le plat
argenteus, a, um : d'argent
pisum, i, n. : petit pois
purgo, as, are : éplucher

super + acc. : au-dessus de
limen, inis, n. : seuil
cavea, ae, f. : une cage
pendeo, es, ere : être suspendu
aureus, a, um : d'or
in qua : dans laquelle
pica, ae, f. : une pie
varius, a, um : multicolore
intrantes : les arrivants
saluto, as, are : saluer

Mémoriser le vocabulaire latin

1 **Complétez le texte suivant avec des mots français formés à partir des mots latins indiqués.**

a. Les chevaux, les ânes et les zèbres appartiennent à la famille des (**equus**) ....

b. Pierre adore les fleurs, il a fondé une entreprise d'(**hortus**) ....

c. On nomme (**silva**) ....ce qui concerne la culture des arbres dans les forêts.

d. Ne me regarde pas avec ce sourire (**beatus**) .... sans rien dire.

e. (**Beatus**) .... et (**laetus**) .... sont les prénoms des jeunes filles heureuses.

f. Tous les soirs, j'aime admirer la voûte (**caelum**) ....

2 **Les mots suivants, de différentes langues, ont une même racine latine. Trouvez-la, puis déduisez-en leur sens.**

a. *amblar* (espagnol) – *ambiare* (italien) – *ambulate* (anglais) : .... → ....

b. *avere* (italien) – *haber* (espagnol) – *avea* (roumain) : .... → ....

c. *vivir* (espagnol) – *vivere* (italien) – *viva* (portugais) : .... → ....

d. *pueblo* (espagnol) – *popolo* (portugais) – *people* (anglais) – *poble* (catalan) :

.... → ....

3 **Retrouvez des mots que vous avez appris dans la grille ci-contre :**
ambulo – caelum – dignus – equus – habeo – hortus – laetus – silva – villa – vir

> **Astuce**
> Certains mots sont composés de **droite à gauche** dans la grille.

A	M	B	U	L	O	G	H	A	I
V	D	E	C	N	T	F	U	O	L
E	I	L	A	A	A	M	I	A	L
F	G	L	E	V	I	R	E	Z	E
I	N	N	L	E	G	T	U	W	N
O	U	I	U	A	U	S	P	E	O
S	S	O	M	S	L	V	Q	F	E
N	R	S	T	I	E	U	Y	P	B
T	E	A	D	O	U	I	E	O	A
R	O	T	A	S	U	T	R	O	H

Enrichir son vocabulaire

4 **a- ou ab- est un préfixe fréquent qui désigne la séparation, l'éloignement, la privation. En vous aidant du sens français de ces mots, rayez dans la liste suivante les intrus qui ne sont pas formés avec ce préfixe.**

amener – abhorrer – abriter – aberrant – aborder – abstenir – aboiement – ablation – abaisser – absence – abracadabra

5 **Le verbe habeo, es, ere (avoir) a donné de nombreux mots français. Complétez les phrases suivantes avec un de ces mots.**

a. Kelly sait tout faire de ses mains : elle est très ....!

b. Karim a du mal à parler, il est très renfermé sur lui même : il est ....

c. Mettre un doigt dans la sauce pour la goûter, c'est une sale ....!

d. Dans les années 1920, aux États-Unis, la .... empêchait de vendre de l'alcool.

e. Une mauvaise vue est un défaut.. pour toute carrière dans l'aviation.

6 Le mot cura, ae, f (soin, souci, inquiétude) a donné une grande famille de mots en français. Faites correspondre chaque mot à sa définition.

incurable ●   ● emploi bien payé et qui cause peu de tracas

curieux ●   ● le fait d'être privé de souci, d'inquiétude

incurie ●   ● absence de soin porté à ce que l'on fait

sécurité ●   ● qu'on ne peut pas soigner

sinécure ●   ● qui a à cœur d'apprendre

7 Complétez cette grille grâce au vocabulaire que vous avez appris.

HORIZONTALEMENT
1. On y part en villégiature.
2. On s'y sent comme un poisson dans l'eau.
3. Comme son nom l'indique, on y est allongé.
4. Le lieu préféré des horticulteurs.
5. Il faut trois lits pour y manger.
6. L'ancêtre de nos immeubles.
7. Le dominus y règle ses affaires.

VERTICALEMENT
A. On y prépare le repas .
B. Entouré de colonnes.
C. Pièce centrale de la maison.
D. Une belle maison.
E. Souvent arrosé par la pluie.

8 **Ils l'ont dit !**

Omnes viae Romam ducunt

a. Traduisez ce proverbe.

....

b. Que signifie-t-il ?

....

Boîte à outils

omnes : tous
duco, is, ere : conduire, mener

LUDUS

9 Formez au moins 10 mots latins que vous connaissez avec les lettres suivantes.

S – I – A – L – L – V – R – I – M – U – D – O – C – E

....

....

Le dîner est servi !

Les repas

Trois repas par jour

■ Les Romains commençaient, **au réveil**, par le jentaculum (petit déjeuner), souvent composé d'un peu d'eau et de pain.

■ **Vers midi**, ils prenaient le prandium (déjeuner), souvent pris sur le pouce, et composé de pain d'olives, de fromage et de fruits.

■ **En fin d'après-midi**, c'est l'heure de la cena (dîner) qui se termine, en principe, à la tombée de la nuit. C'est le principal repas de la journée. On y mange des plats chauds, en famille ou entre amis, et on y discute abondamment de politique, de littérature, etc.

■ Les Romains les plus riches ont à leur service un cuisinier.

1 Soulignez dans l'encadré le nom latin des trois repas quotidiens.

2 D'après vous, quel repas les Romains attendaient-ils avec le plus d'impatience ?

....
....
....
....
....

Un dessert pour la cena...

Apicius était un célèbre cuisinier de l'Antiquité, auteur du De re coquinaria, *premier livre de recettes de cuisine. Voici une de ses recettes.*

Patina de piris

Pira elixa et purgata e medio teres cum pipere, cumino, melle, passo, liquamine, oleo modico.
Ova mittes, patinam facies, igni lento coques, piper super asparges et inferes.

Liste des ingrédients

pirum, i, n. : poire
piper, eris, n. : poivre
cuminum, i, n. : cumin
mel, mellis, n. : miel
passum, i, n. : vin doux
oleum, i, n. : huile
ovum, i, n. : œuf
ignis, is, m. : feu

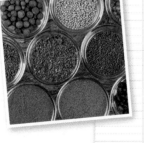

Flan de ....

Écraser des .... cuites et évidées avec du
........................, du ...., du ....,
du ...., du nuoc-mam et un peu d'........................
Mettre des ...., faire un flan, cuire à
.... doux, saupoudrer de .... et servir.

3 À partir de la liste des ingrédients ci-dessus, complétez la traduction de cette fameuse recette.

Histoire des Arts — Une joyeuse cena !

Mosaïque romaine d'une scène de banquet, env. 450 ap. J.-C., Neuchâtel (Suisse), musée du château de Boudry.

La mosaïque

■ La **mosaïque** est l'art décoratif romain par excellence. On y utilise des fragments (appelés **tesselles**) de pierre colorées, d'émail, de verre, de pierre, assemblés à l'aide de mastic ou d'enduit, pour former des motifs ou des figures.

■ On décorait souvent le **sol du triclinium** avec de belles mosaïques.

4 **Combien voyez-vous de convives ? Décrivez-les. Où sont-ils ?**

....

....

5 **Combien voyez-vous de serviteurs ? À quoi les reconnaissez-vous ?**

....

....

6 **Des animaux se sont invités sur l'image, entourez-les !**

7 **Une cena se divisait en quatre services.**

1. GUSTATIO	3. ALTERA CENA
Salades	Gibiers
Crustacés	Rôtis
Huîtres	Poissons
Escargots	🐌
Olives	
🐌	4. DESSERT
2. PRIMA CENA	Fruits
Volailles	Gâteaux
Fruits de mer	

Quels éléments de ce menu pouvez-vous retrouver sur la mosaïque ?

....

....

....

....

....

BILAN

▶ Je comprends un texte latin

Une luxueuse villa

Pline le Jeune décrit sa villa des Laurentes (près d'Ostie) dans une lettre à son ami Gallus.

1 C. PLINIUS GALLO SUO S.

Miraris cur me Laurens meum tanto opere delectet. Desines mirari, cum cognoveris gratiam villae. In prima parte atrium frugi,
5 deinde porticus in D litterae similitudinem circumactae, quibus parvola sed festiva area includitur. Est triclinium satis pulchrum, quod in litus excurrit. Undique valvas aut fenestras habet. A tergo cavaedium,
10 porticum, mox atrium, silvas et longinquos respicit montes. Hujus a laeva cubiculum est amplum. Ex alio latere cubiculum est politissimum. Inde balnei cella frigidaria spatiosa et effusa. Cohaeret calida piscina
15 mirifica, ex qua natantes mare adspiciunt. Justisne de causis jam tibi videor incolere secessum ?
Vale.

CAIUS PLINE À SON CHER GALLUS, SALUT.

Tu es surpris que ma propriété des Laurentes me plaise tant. Tu cesseras d'être surpris lorsque tu connaîtras l'agrément de cette villa. Dans la première partie c'est un atrium sobre, puis un portique circulaire en forme de D dans lequel est enfermée une cour petite mais agréable. Il y a une salle à manger assez belle qui s'avance sur la plage. De tous les côtés elle a des portes et des fenêtres. Derrière on voit une cour intérieure, un portique, puis l'atrium, les forêts, et au loin les montagnes. À sa gauche, il y a une grande chambre. De l'autre côté, il y a une chambre très élégante. De là, on découvre une spacieuse salle de bains froids. À côté, se trouve une magnifique piscine chaude de laquelle les nageurs aperçoivent la mer. Alors, n'ai-je pas raison d'après toi d'habiter cet endroit isolé ?
Porte-toi bien.

PLINE LE JEUNE, *Lettres*, II, 17 (avec coupes). Traduction des auteurs.

1 Retrouvez dans le texte latin les groupes de mots qui correspondent aux phrases suivantes.

a. l'agrément de cette villa : ....

b. un atrium sobre : ....

c. Il y a une salle à manger assez belle : ....

d. il y a une grande chambre : ....

e. il y a une chambre très élégante : ....

f. une spatieuse salle de bains froids : ....

g. une magnifique piscine chaude : ....

2 Relevez deux éléments du texte latin qui permettent de dire qu'il s'agit d'une lettre.

....

▶ Je connais la *domus* romaine.

3 Quelle est la fonction des lieux de la maison suivants ?

a. atrium : ....

b. porticus : ....

c. triclinium : ....

d. cubiculum : ....

e. piscina : ....

60

Je connais l'imparfait et le pronom-adjectif *is, ea, id*

Attention au chien !

Un jeune Romain visite la maison de Trimalchion, un ancien esclave affranchi qui s'est enrichi dans les affaires.

1 Ceterum ego dum omnia stupebam, paene resupinatus crura mea fregi. Ad sinistram enim intrantibus non longe ab ostiarii cella canis ingens, catena vinctus, in pariete erat
5 pictus superque quadrata littera scriptum : CAVE CANEM. Erat autem venalicium, et ipse Trimalchio capillatus caduceum[1] tenebat Minervaque ducente Romam intrabat.

1. Caducée : bâton avec deux ailes et entouré de deux serpents entrelacés, attribut de Mercure.

Moi, j'admirais tout bouche bée, quand, tombant presque à la renverse, j'eus les jambes coupées. En effet, à gauche de l'entrée, non loin de la loge du portier, un énorme chien, attaché par une chaîne, était peint sur le mur, et au-dessus de lui était écrit en lettres capitales : ATTENTION AU CHIEN. Il y avait aussi dessiné un marché d'esclaves, et Trimalcion en personne, les cheveux longs, tenait un caducée et entrait dans Rome conduit par Minerve.

Pétrone, *Satyricon*, XXIX (avec coupes).
Traduction des auteurs.

4 Soulignez cinq verbes à l'imparfait dans le texte latin et dans sa traduction.

5 Pourquoi l'auteur utilise-t-il l'imparfait ? ....

6 Conjuguez à l'imparfait le verbe teneo, es, ere.

....

....

....

7 Replacez trois expressions du texte latin dans les cadres qui entourent cette image.

Mosaïque, Ier s., Pompéi, Maison du poète tragique.

8 Traduisez les phrases suivantes.

a. Adulescentes eum videbant. ....

b. Canis eos spectat. ....

c. Ambulant in ea villa. ....

d. Flora domum ejus amabat. ....

Je m'évalue

Compétences du socle commun travaillées	Exercices	Date
Compétence 1 – La maîtrise de la langue française		
▶ Manifester par divers moyens sa compréhension de textes variés	Exercices 4 et 8	
Compétence 3 – Les principaux éléments de mathématiques et la culture scientifique et technologique		
▶ Raisonner, pratiquer une démarche expérimentale	Exercice 1 et 2	
Compétence 5 – La culture humaniste		
▶ Lire et employer différents langages : textes, images	Exercice 7	

5 Au fil de la vie

Vous connaissez maintenant un peu mieux la demeure des Romains... Mais que font Marcus et Flora hors de la maison ? Ils vont... à l'école, comme vous ! Les Romains accordent beaucoup d'importance à l'éducation.

Lire l'image

Les outils de l'écolier

Ante (auparavant)

Hodie (aujourd'hui)

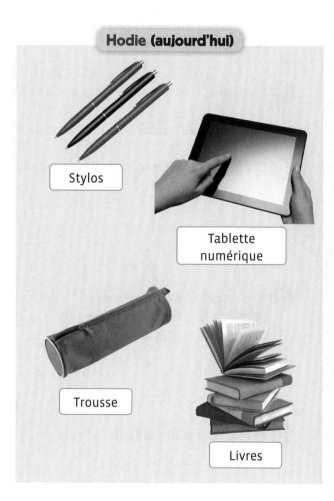

Stylos

Tablette numérique

Trousse

Livres

1 Aidez-vous de la rubrique « Boîtes à outils » pour légender en latin les images ci-dessus.

2 Reliez chaque instrument de l'écolier romain à son équivalent d'aujourd'hui.

Boîte à outils

▶ **Verbes**

accipio, is, ere, accepi, acceptum : prendre
descendo, is, ere, descendi, descensum : descendre, sortir
dico, is, ere, dixi, dictum : dire
emendo, as, are, avi, atum : corriger
induco, is, ere, induxi, inductum : effacer, étendre la cire
introeo, is, ire, introivi, introitum : entrer
porrigo, is, ere, porrexi, porrectum : tendre
surrigo, is, ere, rexi, rectum : se dresser, se lever
vigilo, as, are, avi, atum : se réveiller

▶ **Noms**

caseum, i, n. : fromage
carica, ae, f. : figue sèche
lectum, i, n. : lit
nux, nucis, f. : noix
stilus, i, m. : stylet (pour écrire)
tabula, ae, f. : tablette à écrire
theca, ae, f. : étui, boîte
volumen, inis, n. : rouleau de papyrus

▶ **Adjectifs**

candidus, a, um : blanc
graphiarius, a, um : d'écriture

▶ **Mot-outil**

deinde : ensuite

Lire en latin

L'emploi du temps d'un écolier romain

1 Ante lucem <u>vigilavi</u> de somno ; <u>surrexi de lecto</u>.

Primo <u>manus</u>, <u>deinde faciem lavi</u>, dormitoriam

<u>deposui</u> ; <u>accepi tunicam ad corpus</u>.

Sic <u>descendi de domo</u>.

5 <u>Eo in scholam</u>. <u>Introivi, dixi</u> : « Ave magis-

ter ». Et ipse me resalutavit. <u>Porrexit</u> mihi

puer <u>meus tabulas et thecam graphiariam</u>. Ut

scripsi, ostendo <u>magistro</u>, <u>emendavit</u>, <u>induxit</u> ;

jubet me <u>legere</u>.

10 Ut haec egimus, dimisit <u>ad prandium</u>. Ve-

nio <u>domi</u>, accipio <u>panem candidum, olivas</u>,

<u>caseum, caricas, nuces</u>. <u>Aquam frigidam</u> bibo.

Revertor iterum <u>in scholam</u>. <u>Magistrum</u> invenio,

et <u>dicit</u> : « Incipite ab initio ».

Avant le jour, je me suis .... de mon sommeil ;

je me suis .... J'ai d'abord

...., j'ai ....

mon pyjama ; j'ai ....

Je suis .... ainsi ....

.... Je suis .... :

« .... » Et lui m'a répondu. Mon jeune

esclave m'a ....

Quand j'ai écrit, je montre ...., il m'a ....,

il a .... ; il m'ordonne de ....

Quand nous avons terminé, il m'a libéré ....

Je viens ...., je prends du ....

....

Je bois .... Je retourne

à nouveau .... Je trouve ...., et

.... : « Commencez depuis le début. »

Hermeneumata Pseudodositheana, III, 2 (*Colloquia monacensia*),
avec coupes. Traduction des auteurs.

---

3 Traduisez les mots latins soulignés à l'aide de la « Boîte à outils ».

4 À quel temps avez-vous traduit les verbes ?

....

5 De quel nom latin vient notre mot « école » ? Qu'a-t-il donné en anglais ?

....

6 Quel est le sens habituel du mot puer ?

....

....

7 Comment est-il traduit ici ? Quel est son rôle ?

....

....

Le savez-vous ?

En Grèce antique, l'esclave chargé d'accompagner les enfants à l'école se nommait le **pédagogue** (« *pais* » : enfant et « *ago* » : conduire en grec). Aujourd'hui le mot « pédagogue » désigne… un professeur !

De la tabula à la tablette…

■ Les **tablettes de cire** (tabulae cerae) sont des plaquettes, généralement de bois, garnies d'une couche de **cire**, sur lesquelles on pouvait écrire et effacer à l'aide d'un instrument appelé **stylet** (stilus), muni d'une extrémité pointue et d'une autre, plate.

■ Ce moyen économique et pratique a longtemps été utilisé par les Romains pour **l'école, les comptes, les votes** et même pour la **correspondance** : on relie alors deux tablettes par une charnière pour faire comme un carnet, l'expéditeur écrivait d'un côté et le récepteur pouvait lui répondre sur l'autre. Ainsi, comme avec les mails, on gardait la trace du message envoyé.

→ Le parfait de l'indicatif, la proposition infinitive

Observons

Flora et Marcus ambulaverunt. Flora et Marcus se promenèrent / se sont promenés.

1 Encadrez les verbes en latin et en français.

2 Le parfait est un temps du passé en latin. Quels temps traduit-il en français ?

....

3 a. Écrivez les temps primitifs du verbe « se promener ». ....

b. Quelle forme des temps primitifs désigne le parfait ? ....

Retenons

A La formation du parfait

Le parfait (passé simple ou passé composé) se forme grâce à la recette suivante :

1 Prenez la **4ᵉ forme des temps primitifs du verbe.**

2 Ôtez le **-i** pour obtenir le radical.

3 Ajoutez au radical les terminaisons suivantes : **-i, -isti, -it, -imus, -istis, -erunt.**

	amo, as, are, avi, atum : **aimer**	lego, is, ere, legi, lectum : **lire**	capio, is, ere, cepi, captum : **prendre**	sum, es, esse, fui : **être**	eo, is, ire, ivi, itum : **aller**
1ʳᵉ pers. sg.	amav-**i**	leg-**i**	cep-**i**	fu-**i**	iv-**i**
2ᵉ pers. sg.	amav-**isti**	leg-**isti**	cep-**isti**	fu-**isti**	iv-**isti**
3ᵉ pers. sg.	amav-**it**	leg-**it**	cep-**it**	fu-**it**	iv-**it**
1ʳᵉ pers. pl.	amav-**imus**	leg-**imus**	cep-**imus**	fu-**imus**	iv-**imus**
2ᵉ pers. pl.	amav-**istis**	leg-**istis**	cep-**istis**	fu-**istis**	iv-**istis**
3ᵉ pers. pl.	amav-**erunt**	leg-**erunt**	cep-**erunt**	fu-**erunt**	iv-**erunt**

B L'infinitif et la proposition infinitive

● **L'infinitif**

1. L'infinitif présent est la **3ᵉ forme des temps primitifs** du verbe.
   Exemple : lego, is, ere, legi, lectum → infinitif = legere : lire

2. L'infinitif parfait se forme en ajoutant -isse au **radical du parfait.**
   Exemple : lego, is, ere, legi, lectum → parfait = legi → leg- → legisse : avoir lu

● **La proposition infinitive**

On trouve une proposition infinitive en latin **après les verbes signifiant dire, penser, croire...**

Proposition infinitive = verbe à l'infinitif + sujet à l'accusatif

Exemples : Dico Floram ambulare.   Je dis que Flora se promène.
Dico Floram ambulavisse.   Je dis que Flora se promenait.

Exerçons-nous

Savoir conjuguer au parfait

4 **1. Séparez par une barre verticale le radical et la terminaison de ces verbes.**
2. Retrouvez les temps primitifs des verbes (vous pouvez vous reporter au lexique p. 109).

a. Miserunt ....
d. Dixit ....

b. Tenuisti ....
e. Ambulavimus ....

c. Vidi ....
f. Fuerunt ....

5 **Traduisez ces verbes conjugués au parfait de deux façons possibles.**

egerunt : ....

audivit : ....

cepisti : .... – delevi : ....

.... – potuerunt : ....

rapuistis : ....

venimus : ....

Savoir conjuguer à tous les temps connus

6 **Traduisez les formes verbales suivantes.**

a. habet, habebat, habuit : ....

b. videmus, vidimus, videbamus : ....

c. capiebat, cepit, capit : ....

d. creditis, credebatis, credidistis : ....

e. scivisti, sciebas, scis : ....

f. faciebam, feci, facio : ....

Repérer la proposition infinitive

7 **1. Dans les phrases suivantes, mettez la proposition infinitive entre crochets, soulignez le sujet et encadrez le verbe à l'infinitif.**
2. Traduisez les phrases.

a. Dominus dicit puerum videre equum .

....

b. Credo liberos in templo esse .

....

c. Filia narrat deam templa delevisse .

....

Vocabulaire à retenir

▶ **Verbes** (suivis d'une propostion infinitive)
credo, is, ere, credidi, creditum : croire
dico, is, ere, dixi, dictum : dire
impero, as, are, avi, atum : ordonner
jubeo, es, ere, jussi, jussum : ordonner
narro, as, are, avi, atum : raconter
scio, is, ire, scivi, scitum : savoir

▶ **Noms**
filia, ae, f. : fille
forum, i, n. : forum
fuga, ae, f. : fuite
liberi, orum, m. pl. : enfants

▶ **Adjectifs**
clarus, a, um : clair, brillant, illustre
miser, era, erum : malheureux, misérable
pulcher, chra, chrum : beau

→ Les pronoms personnels et les déterminants possessifs

Observons

Ego te amo.

Da mihi meum stilum !

Da mihi meam tabulam !

Servus meus librum tibi dedit.

Mihi est tabula.

Moi, je t'aime.

Donne-moi mon stylet !

Donne-moi ma tablette !

Mon esclave t'a donné un livre.

Une tablette est à moi.

1 Encadrez les pronoms personnels français et latins.

2 Soulignez les déterminants possessifs français et latins.

3 Donnez une autre traduction pour la dernière phrase : ....

Retenons

A Les pronoms personnels

- Le **pronom remplace le nom**. Il prend donc le **genre**, le **nombre** et le **cas** du nom qu'il remplace.

Cas	1re personne		2e personne	
	Singulier	Pluriel	Singulier	Pluriel
Nomin.- Voc.	ego	nos	tu	vos
Accusatif	me	nos	te	vos
Génitif	mei	nostri/nostrum	tui	vestri/vestrum
Datif	mihi	nobis	tibi	vobis
Ablatif	me	nobis	te	vobis

Nota bene

- En latin, le **vouvoiement de politesse** n'existe pas. On tutoyait son chef, et même l'empereur !

Exemple : Do meum equum vobis. Je donne mon cheval **à vous** → je **vous** donne mon cheval.

- Le pronom personnel **au nominatif** ne s'emploie que pour insister.

Exemple : Ego Romanus sum, vos Galli estis. **Moi, je** suis romain, **vous, vous** êtes des Gaulois.

B Les déterminants possessifs

- Les **déterminants possessifs** suivent la déclinaison de l'adjectif **bonus, a, um** → voir p. 24.

meus, mea, meum :	**mon, ma, mes**
tuus, tua, tuum :	**ton, ta, tes**
noster, nostra, nostrum :	**notre, nos**
vester, vestra, vestrum :	**votre, vos**

Exemple : Video equos vestros. Je regarde **vos** chevaux.

C Exprimer la possession

Le latin a deux façons d'**exprimer la possession**.

- **Le verbe « être » suivi du datif** (le possesseur) ; la chose que l'on possède se met au **nominatif**. Cette tournure est la plus fréquente.

Exemple : Filia bona est mihi. Une gentille fille est à moi. → J'ai une gentille fille.

Attention ! Si la chose qu'on possède est au pluriel, le verbe être se met aussi au pluriel.

Exemple : Sunt mihi duae rosae. J'ai deux roses.

- **Le verbe « avoir » suivi de l'accusatif** (la chose qu'on possède).

Exemple : Habeo filiam bonam. J'ai une gentille fille.

Exerçons-nous

Connaître les pronoms personnels et les déterminant possessifs

4 Indiquez le(s) cas et le nombre de ces formes de pronoms personnels.

nos : .... – vobis : ....

te : .... – tibi : ....

5 Complétez le tableau ci-dessous en déclinant les formes demandées.

	Hortus noster au singulier	Aqua tua au pluriel
Nom.	....	....
Voc.	....	....
Acc.	....	....
Gén.	....	....
Dat.	....	....
Abl.	....	....

Utiliser les pronoms personnels

6 Traduisez les pronoms personnels en gras.

a. Nous, **nous** venons **te** voir. ....

b. Ce chat est-il à **vous** ? ....

c. Répondez-**nous** vite ! ....

d. Grâce à **moi**, tu as réussi ton exercice. ....

7 1. **Complétez ces phrases en accordant le déterminant possessif comme il convient. 2. Traduisez.**

a. Servi .... (noster) equos .... (noster) rapuerunt.

....

b. Cepistine tabellas .... (tuus) ac stilum .... (tuus) ?

....

c. Equi .... (vester) eunt in agros .... (noster).

....

Maîtriser l'expression de la possession

8 Décrivez en latin votre famille réelle ou idéale (frères et sœurs, animaux, etc.) en utilisant l'expression esse + datif.

Exemple : Mihi est una soror. Mihi sunt duae feles et quattuor canes. J'ai une sœur. J'ai deux chats et quatre chiens.

....

....

....

Boîte à outils

Frère : **frater**
(pl. : **fratres**)

Sœur : **soror**
(pl. : **sorores**)

Chien : **canis**
(pl. : **canes**)

Chat : **felis**
(pl. : **feles**) – nom féminin en latin

Poisson : **piscis**
(pl. : **pisces**)

Coq/poule :
gallus/gallina

Lapin : **cuniculus**

Oiseau : **avis**
(pl. : **aves**)

Souris : **mus**
(pl. : **mures**)

Vocabulaire à retenir

▶ **mots-outils**

diu : longtemps
etiam : aussi, même, encore
itaque : c'est pourquoi
jam : désormais, déjà
mox : bientôt
nam : en effet
nunc : maintenant
nunquam : ne... jamais
primum : d'abord
semper : toujours
tunc : alors

▶ **Noms**

discipulus, i, m. : élève
littera, ae, f. : lettre de l'alphabet
magister, tri, m. : maître d'école
paedagogus, i, m. : précepteur
schola, ae, f. : école
tabula, ae, f. : tablette

▶ **Verbes**

saluto, as, are, avi, atum : saluer
scribo, is, ere, scripsi, scriptum : écrire
ostendo, is, ere, ostendi, ostentum : montrer

Les outils du traducteur

1 **Rappelez la recette du parfait.**

....

....

2 **a. Rappelez le sens des verbes ci-dessous.**

b. Soulignez ceux qui peuvent être suivis d'une proposition infinitive.

adsum : .... – puto : .... – eo : ....

narro : .... – dico : .... – pugno : ....

jubeo : .... – scio : ....

3 **Donnez les datifs singulier et pluriel des pronoms personnels des 1ʳᵉ et 2ᵉ personnes.**

....

4 **Traduisez de deux façons différentes « nous avons des enfants ».**

....

Traduire pas à pas

5 **1. Dans les phrases ci-dessous, mettez entre crochets la proposition infinitive.**

2. Soulignez son (ou ses) sujet(s) et encadrez son (ou ses) verbe(s) à l'infinitif.

3. Traduisez.

a. Ei dicunt pueros Romanos miseros in schola fuisse . ...

....

b. Discipuli credunt domini filium pulchram eam puellam amavisse . ...

....

c. Dominus jubet eos servos in hortum ire et aquam puellis dare . ...

....

6 **1. Soulignez les pronoms personnels et encadrez les déterminants possessifs dans les phrases ci-dessous.**

2. Traduisez.

a. Ego dico vitam nostram beatam esse. ....

b. Nos dicimus vos saepe e schola fugere. ....

....

c. Mihi dicit me numquam in tuam scholam ivisse. ....

....

7 Flora a fait une version avec quelques erreurs… Le professeur les a barrées mais a oublié de les corriger. Faites-le !

> Liberi cum paedagogis in scholam ibant. Magistrum salutaverunt et audiverunt. Puer tabulas discipulis dedit. Deinde ii scripserunt. Litteras ostenderunt magistro qui induxit. Magnos libros ceperunt : magister enim discipulos legere jussit. Liberi magistrum bonum non metuebant. Itaque scholam amabant.

Les enfants ~~allèrent~~ .... à l'école avec leur précepteur. Ils saluèrent ~~les maîtres~~

.... et l'écoutèrent. L'esclave donna les tablettes ~~à l'élève~~ ....

Ensuite ceux-ci écrivirent. Ils montrèrent les lettres ~~aux maîtres~~ .... qui les

corrigea. ~~Les grands prennent des livres~~ .... : en effet,

le maître ~~lit aux élèves et leur donne des ordres~~ ....

Les enfants ne craignaient pas leur bon maître. C'est pourquoi ils ~~aiment~~ .... l'école.

Version

Leçon de séduction

Le poète Ovide donne quelques conseils aux jeunes garçons qui veulent séduire une jeune fille… La scène se passe au Cirque (Circus maximus), lors d'une course de chevaux.

1 Utque fit, in gremium pulvis si forte puellae

   Deciderit, digitis excutiendus erit :

 Et si nullus erit pulvis, tamen excute nullum :

   Quaelibet officio causa sit apta tuo.

5 Parva leves capiunt animos : fuit utile multis

   Pulvinum facili composuisse manu.

 Profuit et tenui ventos movisse tabella,

 Et cava sub tenerum scamna dedisse pedem.

OVIDE, *L'Art d'aimer*, I, vv. 149-162 (avec coupes).

8 Complétez la traduction.

Et comme il arrive, si ....

....

il te faudra l'enlever avec les doigts, ...

.... enlève-la quand même !

Tous les préceptes sont bons pour arriver à tes fins. De petits riens

....

....

d'une main experte. Il fut profitable aussi < à beaucoup > ....

.... mince ....

....

....

Boîte à outils

gremium, ii, n. : sein, poitrine
pulvis, eris, m. : poussière
forte : par hasard
deciderit : decidit ; **decido, is, ere** : tomber
digitus, i, m. : doigt
nullus, a, um : aucun
erit : est

leves (acc. pl.) : léger, frivole
animus, i, m. : âme, cœur
pulvinus, i, m. : coussin
compono, is, ere, posui, positum : arranger
moveo, es, ere, movi, motum : faire bouger, agiter

ventus, i, m. : air, vent
cavus, a, um : creux
sub + acc. : sous
tener, era, erum : tendre, délicat
scamnum, i, n. : tabouret
pes, pedis, m. : pied

Mémoriser le vocabulaire latin

1 **Les mots de chaque liste ont pour racine un mot latin. Trouvez-le.**

a. misère – misérable – miséreux – miséricordieux : ....

b. indicible – dicter – diction – dictateur : ....

c. conscience – inconscient – plébiscite – préscience : ....

2 **Citez et traduisez les 5 prépositions latines que vous connaissez.**

....

....

3 **Indiquez les trois façons de dire « et » en latin.**

....

4 **Traduisez en latin.**

et... ne pas : .... – ni... ni : .... – ne... pas : ....

– ne... jamais : ....

5 **a. Retrouvez les mots-outils suivants dans la grille de mots-mêlés.**

b. Traduisez-les.

aut : ....   semper : ....   tum : ....

deinde : ....   tamen : ....   tunc : ....

diu : ....

etiam : ....

jam : ....

mox : ....

nunc : ....

primum : ....

saepe : ....

sed : ....

E	T	I	A	M	J	U	L
R	S	E	M	P	E	R	M
J	A	U	T	T	I	J	T
A	E	A	R	U	T	V	A
M	P	R	I	M	U	M	M
S	E	D	I	U	N	O	E
X	O	N	U	N	C	X	N
D	E	I	N	D	E	O	M

Enrichir son vocabulaire

6 **Complétez les phrases suivantes en vous servant d'un mot français utilisant la racine theca, ae, f. (étui, petite caisse, boîte).**

a. Va chercher ces deux livres dans la .... s'il te plaît.

b. Camille a passé des heures à jouer à la ....

c. C'est incroyable le nombre de films qu'il a dans sa ....

d. Samedi soir, à la .... on a dansé pendant des heures.

e. Cette très belle collection de tableaux est le trésor de la ....

f. Le maire a inauguré une .... pour promouvoir la culture dans sa cité.

7 **Le verbe** credo, is, ere **a donné de nombreux mots français. Complétez les phrases suivantes au moyen d'un de ces mots.**

a. Son histoire est à dormir debout : elle n'est pas du tout ....

b. Il a obtenu son .... car la banque lui fait confiance.

c. Dis-moi, où as-tu entendu cette anecdote .... ?

d. Martin fait confiance à tout le monde, il est tellement .... !

8 **Complétez les phrases suivantes en vous aidant du lexique des âges de la vie présenté p. 72** (infans, puer, adolescens, juvenis, senex, senior).

a. Se conduire encore comme un enfant à son âge, c'est ....

b. Avec sa carte ...., ce retraité bénéficie de réductions dans les transports.

c. Ce pauvre grand-père ne cesse de radoter, il est complètement ....

d. À l'entrée de l' ...., la voix des garçons commence à muer.

e. Malgré ses cinquante ans, elle a encore gardé une vigueur toute ....

f. Sa mère lui beurre ses tartines alors qu'il a vingt ans : elle l'......................................trop.

Boîte à outils

Bene : bon, bien
oleo, es, ere : sentir
qui : celui qui
vinco, is, ere, vici, victum : vaincre

9 **Ils l'ont dit !**

Non bene olet qui semper bene olet

a. Traduisez ce vers extrait d'une épigramme de Martial.

....
....

b. Comment peut-on l'interpréter ?

....
....

Veni, vidi, vici

a. Traduisez cette succession de verbes au parfait.

....

b. Savez-vous qui a prononcé cette célèbre phrase ?

....
....

10 **Le mot latin** fuga (fuite) **sert à former un grand nombre de mots français. Faites correspondre chaque mot à sa définition.**

ignifuge ●   ● qui fait fuir les vers
hydrofuge ●   ● qui fait fuir l'eau
centrifuge ●   ● qui fait fuir le feu
vermifuge ●   ● qui fuit le centre
subterfuge ●   ● qui fait fuir la fièvre
fébrifuge ●   ● moyen pour se tirer d'embarras

Ludus

11 **Sur le principe de l'exercice 10, inventez des néologismes construits sur le mot** fuga **(Exemple : magistrofuge → qui fait fuir le maître)**

....
....

Au fil du temps

Les âges de la vie

Voici les étapes de la vie d'un Romain de sexe masculin (vir, viri, m. : l'homme, le mari)

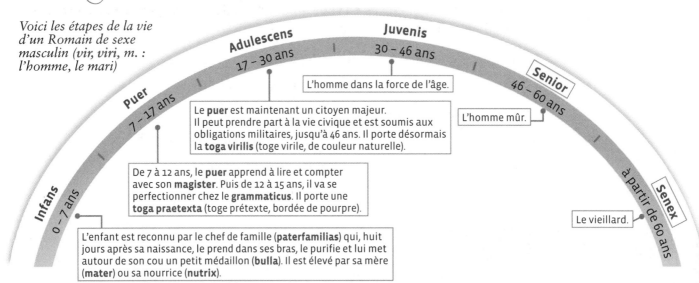

Juvenis 30 – 46 ans

Adulescens 17 – 30 ans

Puer 7 – 17 ans

Infans 0 – 7 ans

Senior 46 – 60 ans

Senex à partir de 60 ans

L'homme dans la force de l'âge.

Le **puer** est maintenant un citoyen majeur. Il peut prendre part à la vie civique et est soumis aux obligations militaires, jusqu'à 46 ans. Il porte désormais la **toga virilis** (toge virile, de couleur naturelle).

De 7 à 12 ans, le **puer** apprend à lire et compter avec son **magister**. Puis de 12 à 15 ans, il va se perfectionner chez le **grammaticus**. Il porte une **toga praetexta** (toge prétexte, bordée de pourpre).

L'enfant est reconnu par le chef de famille (**paterfamilias**) qui, huit jours après sa naissance, le prend dans ses bras, le purifie et lui met autour de son cou un petit médaillon (**bulla**). Il est élevé par sa mère (**mater**) ou sa nourrice (**nutrix**).

L'homme mûr.

Le vieillard.

Histoire des Arts

Du bébé à l'élève

Fragment d'un sarcophage en marbre, env. 150 ap. J.-C, Paris, Musée du Louvre.

La sculpture

■ **Le relief** : forme sculptée qui **se détache sur un fond plat**. Il représente en général des scènes qui se lisent comme un tableau. Quand les figures sont sculptées et ressortent faiblement du fond, c'est un **bas-relief**. Quand les figures ressortent davantage, on parle de **demi ronde-bosse**.

■ **La ronde-bosse** : elle n'a pas de fond. C'est une sculpture autour de laquelle on peut tourner.

1 Le sarcophage décrit les âges de la vie un peu comme une bande dessinée. Tracez des lignes pour séparer les vignettes.

2 Décrivez les vignettes à l'aide des mots latins du schéma ci-dessus.

....

....

....

....

....

....

Le calendrier romain

*Romulus et Numa Pompilius ont chacun établi un calendrier. Jules César le réforme **en 45 av. J.-C.** : on l'appelle le **calendrier julien**. Il organise le calendrier qui est encore le nôtre aujourd'hui : 12 mois de 30 ou 31 jours (à l'exception de février qui compte 28 ou 29 jours).*

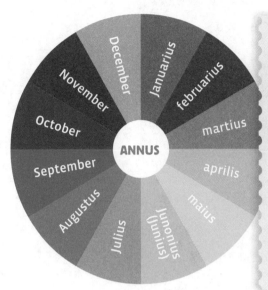

LES DIEUX DU CALENDRIER

Auguste ....

Junon (déesse, épouse de Jupiter) ....

Mars (dieu de la guerre) ....

Janus (dieu des portes) ....

Aphrodite (équivalent grec de Vénus, déesse de la beauté) ....

Maia (ancienne déesse romaine, souvent désignée comme la compagne de Vulcain) ....

Jules (César) ....

Februa (dieu étrusque de la mort et de la purification) ....

3 **Des correspondances existent entre les noms de certains mois et des divinités. Inscrivez le nom latin du mois qui peut correspondre à chaque divinité de la liste ci-dessus.**

4 **Comment sont formés les noms des autres mois ?**

....
....
....

5 **L'année romaine commençait le 1er mars. Comment le nom de certains mois le prouve-t-il ?**

....
....
....

6 **Traduisez les devises latines inscrites sur les cadrans solaires ci-dessous.**

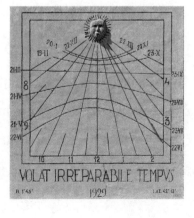

....
....

Le savez-vous ?

Quelle heure est-il ?

● Pour mesurer le temps, les Romains ont emprunté aux Grecs le **cadran solaire** : il s'agit d'un espace plan gradué sur lequel un bâton, le **gnomon**, planté à la verticale, promène circulairement une ombre qui varie en fonction de la latitude et de la hauteur du soleil dans le ciel.

● Sur les cadrans solaires de toutes époques, des devises latines ont été inscrites pour célébrer le temps qui passe, ou dénoncer la fuite des jours...

Boîte à outils

carpo, is, ere : goûter, profiter de

dies, diei, m. : jour

volo, as, are : voler, s'envoler

BILAN

Je comprends un texte latin

De l'éducation

Voici le point de vue sur l'éducation de deux écrivains du Ier siècle.
À l'époque déjà, les avis sur l'enseignement sont partagés…

1 Quid tibi nobiscum est, ludi scelerate magister,

    invisum pueris virginibusque caput ? [...]

Discipulos dimitte tuos...

Ludi magister, parce simplici turbae,

5 Ferulaeque[1] tristes, sceptra paedagogorum,

Cessent et Idus dormiant in Octobres :

Aestate pueri si valent, satis discunt !

1. Ferula, ae, f. : férule, petite baguette de bois.

Qu'avons-nous besoin de toi, infâme ....,

tête odieuse aux .... ?

Laisse partir ....

...., épargne la foule

innocente, que les sévères ...., sceptres

des ...., cessent et qu'elles dorment

jusqu'aux Ides d'octobre : en ...., si les

................................vont bien, ils ....

bien assez !

MARTIAL, *Épigrammes*, IX, 69 et X, 62 avec coupes.
Traduction des auteurs.

1 Discipulos id unum moneo : ut praeceptores

suos ament et parentes esse non quidem cor-

porum, sed mentium credant. Multum haec

pietas conferet studio ; nam et dictis credent

5 et esse similes concupiscent et in scholam laeti

convenient et emendati non irascentur et lau-

dati gaudebunt. Nam ut illorum officium est

docere, sic horum praebere se dociles : alioqui

neutrum sine altero sufficit.

Je recommande une seule chose aux .... :

qu'ils aiment leurs .... et qu'ils

considèrent qu'ils sont leurs .... non pour

le .... mais pour l'esprit. Cette affection

apportera beaucoup aux .... ; en effet,

les élèves croiront en ses paroles et ils souhaiteront lui

ressembler, ils viendront à .... avec joie,

ils ne s'irriteront pas des corrections et se réjouiront des

compliments. Car le devoir des uns est .... ,

et celui des autres de se montrer dociles : l'un ne peut
rien sans l'autre.

D'après QUINTILIEN, *Institution oratoire*, II, 9. Traduction des auteurs.

1 Complétez la traduction.

2 Encadrez les trois termes utilisés pour nommer les enseignants dans les deux textes.

3 Placez entre crochets la proposition infinitive qui se situe au début du texte de Quintilien.

4 Quelle est l'idée principale de Martial à la fin de son texte ? Partagez-vous ce point de vue ?

....

5 Êtes-vous d'accord avec la dernière expression du texte de Quintilien ? Argumentez votre réponse à l'oral.

▶ Je maîtrise le parfait, les pronoms personnels et la proposition infinitive

6 **1. Passez les phrases suivantes au parfait. 2. Traduisez-les.**

a. Discipulus audit ludi magistrum. ....

....

b. Ludi magistri tristes ferulas capiunt. ....

....

7 **Traduisez les pronoms personnels en gras.**

a. Il **vous** a donné une feuille. ....   **b.** Il **m'**aime. ....

c. Nous, nous **les** aiderons, ces enfants. ....

8 **Traduisez les phrases ci-dessous.**

a. Discipuli putant magistros saevos fuisse.

....

b. Dicit nos in magnis silvis cum pulchris puellis ambulare.

....

▶ Je connais mon vocabulaire latin

Scène d'école d'un monument funéraire romain, IIᵉ s. av. J.-C., Trèves
(Rheinisches Landesmuseum Trier).

9 **Comment se nomme le type de sculpture représenté sur l'image ci-dessus ?**

....

10 **Complétez les cadres autour de l'image avec des mots latins que vous avez appris.**

Je m'évalue

Compétences du socle commun travaillées	Exercices	Date
Compétence 1 – La maîtrise de la langue française		
▶ Participer à un débat, à un échange verbal	Exercices 4 et 5	....
▶ Utiliser ses connaissances sur la langue pour lire	Exercices 1, 2 et 3	....
Compétence 2 – La pratique d'une langue vivante étrangère		
▶ Savoir repérer des informations dans un texte	Exercice 1	....
Compétence 5 – La culture humaniste		
▶ Établir des liens entre les œuvres pour mieux les comprendre	Exercices 9 et 10	....

6 Dieux, héros et puissances de la nature

Les dieux des Romains sont ceux des Grecs. Les voici ici tous réunis. La belle Psyché, aimée d'Éros, est accueillie par les dieux : ils lui offrent une coupe d'ambroisie qui rend immortel, car Éros a demandé à Jupiter la permission d'épouser la jeune femme...

Lire l'image

Hermès	Héphaïstos	Dionysos
....	....	....

Psyché

....

1 **a. Traduisez les phrases suivantes. b. Reportez ensuite le nom romain de chaque divinité dans les cadres autour de la fresque, sous leurs noms grecs.**

1. Deorum nuntius sum et alas habeo. Sum Mercurius. ....
....

2. Fulmina Jovis feci. Sum Vulcanus. ....

3. Vinum saepe bibo. Sum Bacchus. ....

4. Dux Musarum sum. Sum Apollo. ....

5. Bello et armis praesideo. Sum Mars. ....

6. Pulchra dea sum. Sum Venus. ....

7. In inferis habito cum cane Cerbero. Sum Pluto. ....
....

76

Boîte à outils

❱ **Verbes**
bibo, is, ere : boire
curo, as, are : s'occuper de
praesideo, es, ere + datif : commander, présider à
rego, is, ere : diriger

❱ **Noms**
ala, ae, f. : aile
fulmen, inis, n. : éclair, foudre
inferi, orum, m. : les enfers
Jup(p)iter, Jovis, m. : Jupiter

Musa, ae, f. : Muse (divinité secondaire qui s'occupe des arts)
nuntius, ii, m. : messager
pavo, onis, m. : paon
pax, pacis, f. : la paix
sagitta, ae, f. : flèche

Arès
....

Aphrodite
....

Poséidon
....

Zeus
....

Athéna
....

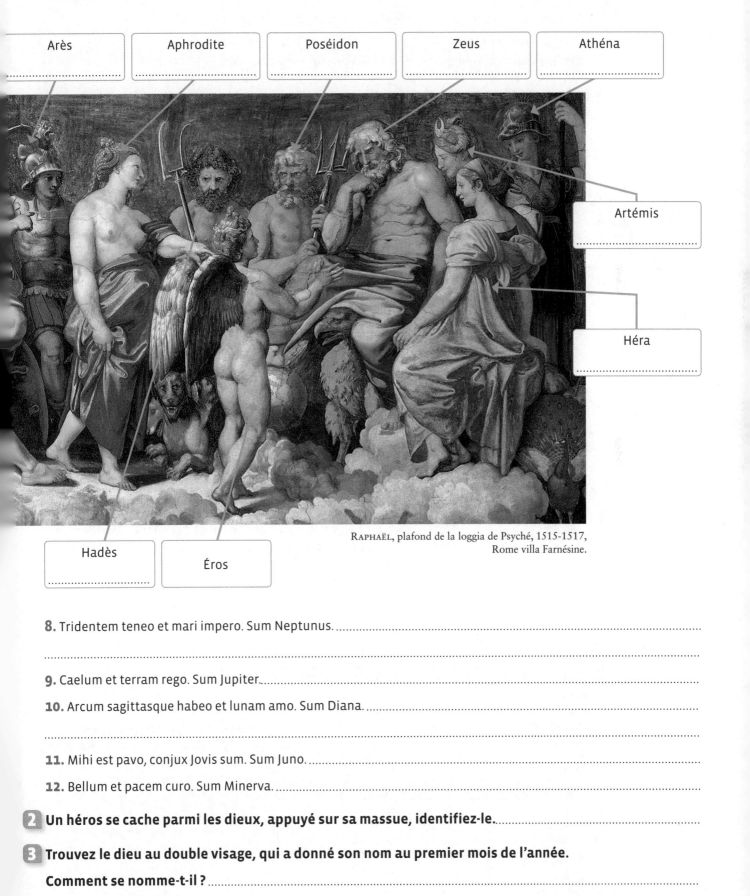

Artémis
....

Héra
....

Hadès
....

Éros

RAPHAËL, plafond de la loggia de Psyché, 1515-1517, Rome villa Farnésine.

8. Tridentem teneo et mari impero. Sum Neptunus. ....

....

9. Caelum et terram rego. Sum Jupiter. ....

10. Arcum sagittasque habeo et lunam amo. Sum Diana. ....

....

11. Mihi est pavo, conjux Jovis sum. Sum Juno. ....

12. Bellum et pacem curo. Sum Minerva. ....

2 **Un héros se cache parmi les dieux, appuyé sur sa massue, identifiez-le.** ....

3 **Trouvez le dieu au double visage, qui a donné son nom au premier mois de l'année.**

Comment se nomme-t-il ? ....

→ La troisième déclinaison

Observons

Puella consulem spectabat.   La jeune fille regardait le consul.

Puella consules spectabat.   La jeune fille regardait les consuls.

Dedit equum consulibus.   Il donna un cheval aux consuls.

1 **Dans les phrases latines ci-dessus, à quels cas le mot consul est-il ?**

....

2 **Entourez ces nouvelles terminaisons.**

Retenons

A Caractéristiques de la 3e déclinaison

- Les noms de la 3e déclinaison ont un **génitif singulier** en **-is**.
  Exemple : consul, **consulis**, m. : le consul – pax, **pacis**, f. : la paix – corpus, **oris**, n. : le corps.

- Les noms de la 3e déclinaison ont des **terminaisons variées au nominatif** :
  Exemple : rex, regis, m. : le roi – pater, patris, m. : le père – homo, hominis, m. : l'homme

- Les mots de la 3e déclinaison peuvent être **masculins**, **féminins** ou **neutres**.
- Les noms masculins et féminins se déclinent de la même façon.

B La 3e déclinaison

RECETTE pour former la 3e déclinaison

La 3e déclinaison :
❶ Le **nominatif** et le **vocatif** (et au neutre l'**accusatif**) singulier **ne changent pas** : ils sont identiques à la 1re forme donnée par le lexique.
❷ Pour les autres cas, il faut partir du **radical** et y ajouter les **désinences de la 3e déclinaison**. Le radical est donné par le génitif (il suffit de retirer **-is**).
    rex, regis, m. : le roi → radical : **reg-**
    pater, patris, m. : le père → radical : **patr-**
    homo, hominis, m. : l'homme → radical : **homin-**

Cas	Masculin et féminin	Neutre
	pax, pacis, f. : **la paix**	corpus, oris, n. : **le corps**
SINGULIER		
Nominatif	pax	corpus
Vocatif	pax	corpus
Accusatif	pac-em	corpus
Génitif	pac-is	corpor-is
Datif	pac-i	corpor-i
Ablatif	pac-e	corpor-e
PLURIEL		
Nominatif	pac-es	corpor-a
Vocatif	pac-es	corpor-a
Accusatif	pac-es	corpor-a
Génitif	pac-um	corpor-um
Datif	pac-ibus	corpor-ibus
Ablatif	pac-ibus	corpor-ibus

Remarque : certains noms de la 3e déclinaison (ceux qui ont le même nombre de syllabes au nominatif et au génitif et quelques autres) se terminent au génitif pluriel en **-ium**.
    Exemples :
    civis, civis, m. : le citoyen
    → génitif pluriel : **civium** (et non *civum)
    mare, maris, n. : la mer
    → génitif pluriel : **marium** (et non *marum)

Exerçons-nous

Reconnaître la déclinaison d'un nom

3 **Classez les mots suivants dans la bonne tablette et donnez leur sens.**

mors, mortis, *f.* – bellum, i, *n.* – nomen, inis, *n.* – filius, ii, *m.* – aqua, ae, *f.* – vir, viri, *m.* – civis, is, *m.* - ager, agri, *m.* – dea, ae, *f.* - villa, ae, *f.*

1re déclinaison	2e déclinaison	3e déclinaison
....	....	....
....	....	....
....	....	....
....	....	....

Maîtriser la 3e déclinaison

4 **Donnez le radical des mots suivants.**

aetas, aetatis, *f.* : .... – conjux, conjugis, *m./f.* : .... – mater, matris, *f.* : ....

5 **Déclinez ces noms au cas demandé.**

aetas, aetatis, *f.* (acc. sg.) : .... – conjux, conjugis, *m./f.* (gén. pl.) : ....

frater, tris, *m.* (dat. sg.) : .... – gens, gentis, *f.* (nomin. pl.) : ....

homo, hominis, *m.* (dat. pl.) : .... – senex, senis, *m.* (abl. sg.) : ....

Maîtriser les 3 déclinaisons

6 **Barrez l'intrus et justifiez votre choix à l'oral**

a. amorum – uxorum – agrorum – sororum – imperatorum.

b. homini – juveni – conjugi – uxori – viri.

c. puella – pericula – corpora – bella – nomina.

d. homo – servo – domino – filio – deo.

7 **À quels cas sont les noms suivants ? Donnez toutes les réponses possibles.**

– aquae : ....

– matrem : ....

– patrum : ....

– puellis : ....

– corpora : ....

– hominibus : ....

– uxores : ....

– puellas : ....

– agri : ....

Vocabulaire à retenir

▶ **Noms**

aetas, aetatis, f. : temps de la vie, âge
amor, amoris, m. : amour
civis, is, m. : citoyen
conjux, conjugis, m./f. : époux, épouse
frater, tris, m. : frère
gens, gentis, f. : famille, race, nation, peuple
homo, hominis, m. : homme (être humain)
juvenis, is, m. : jeune homme
mater, matris, f. : mère
mors, mortis, f. : mort
nomen, nominis, n. : nom
pater, patris, m. : père
senex, senis, m. : vieillard
soror, oris, f. : sœur
uxor, uxoris, f. : épouse

▶ **Verbes**

curro, is, ere, cucurri, cursum : courir
exeo, is, ire, i (v) i, itum : sortir

→ L'expression du lieu et du temps

Observons

Sumus in urbe multos annos. Nous sommes en ville depuis de nombreuses années.

Automno imus in urbem. En automne nous allons en ville.

Venimus ex urbe. Nous venons de la ville.

1 **a. Dans les phrases latines et françaises, soulignez les compléments circonstanciels de lieu.**

b. Encadrez les compléments circonstanciels de temps.

Retenons

A L'expression du lieu

- Le latin exprime le lieu avec **l'ablatif** ou **l'accusatif** précédé le plus souvent d'une **préposition**.
- Le choix du cas dépend de la **question** posée.

QUESTION	PRÉPOSITION ET CAS DE LA RÉPONSE		EXEMPLE
Lieu où l'on est Ubi ?	**IN** + ablatif	in + abl	Equus <u>in urbe</u> est. Le cheval est dans la ville.
Lieu où l'on va Quo ?	**IN** ou **AD** + accusatif	in + acc	Equus <u>in urbem</u> it. Le cheval va dans la ville.
Lieu d'où l'on vient Unde ?	**EX** + ablatif *On utilise* **e** *si le mot qui suit commence par une consonne.*	ex + abl	Equus <u>ex urbe</u> venit. Le cheval vient de la ville. Equus <u>e silva</u> venit. Le cheval vient de la forêt
Lieu par où l'on passe Qua ?	• Noms de lieux : **PER** + accusatif • Moyen de communication : **ablatif seul**	per + acc	Equus <u>per urbem</u> venit. Le cheval vient par la ville. Equus <u>ponte</u> venit. Le cheval vient par le pont

- **D'autres prépositions** servent à former des compléments de lieu :

a(b) + abl. : loin de, de pro + abl. : devant super + acc. : au-dessus de

de + abl. : du haut de, de sub + abl. : sous apud + acc. : chez

- **Remarque** : parfois le complément de lieu n'est pas précédé d'une préposition, en particulier pour les noms de villes.

Exemple : Eo Romam. Je vais à Rome.

B L'expression du temps

- Le latin peut utiliser un groupe nominal à **l'accusatif** pour exprimer la **durée** d'une action, ou à **l'ablatif** pour exprimer un **moment précis**.

Exemples : Regnavit tres annos. Il régna pendant trois années.

Hieme venit. Il est venu en hiver.

- On peut aussi utiliser des **conjonctions de subordination**.

ubi/ut/cum : quand, lorsque ubi primum/ut primum : dès que postquam : après que

Exemple : Ubi librum legit, puer exit. Quand il a lu son livre, l'enfant s'en va.

Ne pas confondre

- cum + **abl.** (avec)
≠ cum + **indicatif** (lorsque)
- ubi ? (où ?) ≠ ubi + **indicatif** (lorsque

80

Exerçons-nous

Maîtriser l'expression du lieu

2 **1.** Classez dans le bon sac les prépositions en fonction du cas qui les accompagne.

2. Rappelez leur sens.

e(x) – apud – ad – per – sub – de – pro

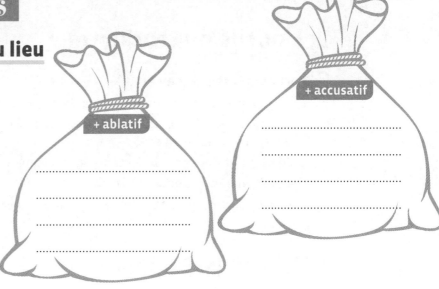

+ ablatif

+ accusatif

3 **Complétez les phrases suivantes en mettant le complément de lieu au cas qui convient.**

a. Animal in silv.. fugit.

b. Puella in urb.. vivit.

c. Servus apud domin................................. est.

d. In templ............. puella cum matre veniebat.

e. Gallus per Itali................. in Graeci................ venit.

f. Dominus ex Itali... venit.

g. Est statua pro templ...

h. Milites in urb.. eunt.

4 **1. Complétez chaque phrase avec l'un des compléments de lieu suivants. 2. Traduisez.**

in hortis – e portu – e villa – in muro – in forum – in silvam.

a. Cives .... eunt et oratores audiunt. ....

b. Dominus cum servis .... exiit et .... venit. ....

....

c. Philosophus .... scripsit : « Non laetus sum ». ....

....

d. Milites .... fugiebant. ....

Maîtriser l'expression du temps

5 **1. Encadrez dans les phrases suivantes les compléments de temps. 2. Cochez ensuite la bonne réponse.**

	Moment précis	Durée
a. Numa Pompilius LXXXIII annos regnavit.	☐	☐
b. Quattuor annos cum patre laboravit.	☐	☐
c. Tuum librum nocte legi.	☐	☐
d. Tempore Romuli Romani Sabinorum conjuges rapuerunt.	☐	☐

6 **Traduisez ces courtes phrases en faisant bien attention au sens de cum et ubi.**

Ubi servus est, ubi dominus in villa non est ? Servus in urbe cum pulchra puella est. Nam cum dominus abest, servus in agris non laborat.

....

....

....

Vocabulaire à retenir

▶ **Noms**
caput, itis, n. : tête
consul, is, m. : consul
corpus, oris, n. : corps
dux, ducis, m. : chef, conducteur, guide
flumen, inis, n. : cours d'eau, fleuve
hora, ae, f. : heure
hostis, is, m. : ennemi
ignis, is, m. : feu
imperator, oris, m. : chef d'armée, général en chef
miles, militis, m. : soldat
nox, noctis, f. : nuit
orator, oris, m. : orateur
pax, pacis, f. : paix
rex, regis, m. : roi
urbs, urbis, f. : ville

▶ **Prépositions :**
a(b) + abl. : de, loin de
ad + acc : vers, près de, à
apud + acc. : chez
de + abl. : du haut de, de
e(x) + abl. : hors de, de
in + acc. ou + abl. : dans, sur
per + acc. : à travers
pro + abl. : devant
sub + abl. : sous
  super + acc. : sur, au-dessus de

Les outils du traducteur

1 **Cochez la case qui convient.**

	Verum	Falsum
a. Un complément de temps peut s'exprimer à l'ablatif ou à l'accusatif.	☐	☐
b. La désinence de l'accusatif pluriel des mots masculins et féminins de la 3ᵉ déclinaison est en **-os**.	☐	☐
c. **Cum** signifie « avec », mais aussi « quand, lorsque ».	☐	☐
d. **Ubi** signifie « après que » et « comment ? ».	☐	☐
e. La désinence du génitif pluriel des mots de la 3ᵉ déclinaison est en **-orum**.	☐	☐

Traduire pas à pas

2 **Quis sum ? Qui suis-je ? 1. Traduisez les affirmations suivantes.**
2. Répondez en latin à la question.

a. Sum dea et Luna amica mea est. Quae sum ? ....
....

b. Nomen meum Graecum Ζεύς est. Quis sum ? ....

c. Sum deus et impero mari. Quis sum ? ....
....

d. Sum Jovis conjux. Quae sum ? ....

3 **1. Dans les phrases suivantes, encadrez le verbe et le sujet, puis soulignez les compléments de temps. 2. Traduisez.**

a. Liberi multos libros multas horas legerunt. ....
....

b. Autumno animalia in agris non sunt. ....
....

c. Quinque annos rex cum uxore beatus erat. ....
....

d. Equi multos annos vivere possunt. ....

e. Duodecim annos vixit. ....

4 **1. Associez chaque proposition subordonnée à la proposition principale qui lui correspond. 2. Traduisez.**

Cum dominus in silva ambulat ●   ● pueri beati fuerunt.
Ut primum amicos viderunt ●   ● laeti sumus.
Ubi mali reges sunt ●   ● servi non laborant.
Ubi primum magister adest ●   ● populus non eos amat.

....
....
....
....

5 Faites correspondre les éléments du texte latin à chaque fragment de traduction.

Jupiter, mari volage et dieu multiforme !

Jupiter Ledam Thestii filiam in cygnum conversus ad flumen Eurotam compressit, et ex eo peperit Pollucem et Helenam, ex Tyndareo autem Castorem et Clytaemnestram.

HYGIN, *Fables*, 77.

Jupiter ....

changé en cygne ....

s'unit à Léda ....

la fille de Thestius ....

près du fleuve Eurotas ....

et de lui ....

elle mit au monde[1] ....

Pollux et Hélène ....

et de Tyndare[2] ....

Castor et Clytemnestre. ....

....

1. Hygin ne dit pas qu'elle pondit deux œufs !
2. Son mari légitime.

Version

Chaque dieu a son rôle !

Ce texte est extrait d'un manuel d'enseignement de 1895 rédigé en latin, il nous présente le « partage des tâches » chez les dieux.

1 Jupiter, Saturni filius, deorum hominumque pater, caelum et terram regebat. Neptunus mari imperabat, Pluto inferis. Phoebus-Apollo erat auctor lucis, idemque Musarum magister. Mars bello et armis praesidebat, Bacchus conviviis et vino. Vulcanus fabricabat Jovis fulmina. Mercurius erat interpres Jovis et reliquorum
5 deorum, ac nuntius aliger.
Juxta deos in Olympo sedebant deae. Inter deos et deas *regale solium* (le trône royal) obtinebat Juno, Jovis conjux. Vesta *focis custos* (gardienne du foyer) erat. Pallas seu Minerva, belli pariter et pacis artibus praeerat, Ceres agriculturae, venatui Diana. Venus erat formosissima dearum.

D'après H. LANTOINE, *Abrégé de l'histoire grecque*, 1890.

Boîte à outils

▶ **Verbes**
obtineo, es, ere : occuper
praesideo, es, ere + datif : commander, présider à
praesum, es, esse + datif : présider à
rego, is, ere : régner
sedeo, es, ere : siéger

▶ **Noms**
ars, artis, f. : art
auctor, oris, m. : créateur
convivium, ii, n. : banquet
lux, lucis, f. : lumière
nuntius, ii, m. : messager
venatus, us, m. : chasse (ici, au dat. sg.)

▶ **Adjectifs**
aliger, era, erum : qui porte des ailes, ailé
formosus, a, um : belle
reliquus, a, um : autre, restant

▶ **Autres**
idemque : et aussi
inter + acc. : parmi
juxta + acc. : à côté
seu = aut
pariter : de façon égale

6 Traduisez le texte latin.

....
....
....
....
....
....
....
....
....
....
....

© Nathan 2014 – Photocopie non autorisée.

83

DU LATIN AU FRANÇAIS

Mémoriser le vocabulaire latin

1 **Les mots de chaque liste ont pour racine un même mot latin. Donnez-le.**

a. Gentil – gente – gens – genèse – générer : ....

b. Patrie – patriarche – patron – patrimoine : ....

c. Conjugal – conjuguer – conjoint : ....

d. Biceps – capitale – récapituler – Capitole : ....

e. Pacifier – pacifique – apaiser – paisible : ....

2 **1. Quels mots latins retrouvez-vous dans les mots français suivants ?**

a. hominidé : .... – **b.** sénescence : .... – **c.** équinoxe : .... –

d. duc : .... – **e.** régal : ....

2. Associez chacun des mots ci-dessus à sa définition.

a. Moment de l'année où la nuit dure autant que le jour : ....

b. Noble, censé conduire les hommes au combat : ....

c. Un festin de roi : ....

d. Famille de primates regroupant les gorilles, les bonobos, etc. : ....

e. Synonyme savant de vieillissement : ....

3 **Reliez les étiquettes de gauche à celles de droite pour former 10 mots latins que vous connaissez.**

fo-	-lum
sil-	-va
a-	-qua
mi-	-les
pa-	-men
bel-	-sul
flu	-tus
con-	-gnis
i-	-tria
hor-	-rum

4 **1. Retrouvez 12 verbes à la 1ʳᵉ personne du singulier dans la grille.**
2. Notez-les en indiquant leur infinitif et leur sens.

R	A	B	R	A	P	I	O	U
F	S	V	I	V	O	A	S	P
U	U	E	E	T	S	U	E	U
M	J	N	I	O	S	D	V	G
S	C	I	O	S	U	I	I	N
I	T	O	U	E	M	O	D	O
N	E	F	A	C	I	O	E	L
T	N	R	D	E	L	E	O	M
R	E	X	E	O	R	S	U	U
O	O	A	S	R	E	S	L	O

....

....

....

....

....

....

Enrichir son vocabulaire

5 Fabriquez le plus de mots possibles sur la racine duco, is, ere, duxi, ductum (conduire) à l'aide des préfixes, du radical et des suffixes suivants :

Préfixes

con-

pro-

ré-

sé-

Radical

-duct-

Suffixes

-ible

-eur

-if

....

....

....

....

6 Le mot gens, gentis, f. (famille, peuple) vient du verbe gigno, is, ere qui signifie « engendrer » et a contribué à former quantité de mots français. Complétez les phrases suivantes en trouvant les mots formés sur cette racine.

a. Les organes .... sont les organes de la reproduction.

b. La science de l'hérédité se nomme la ....

c. Jérémi est d'un naturel naïf : son .... m'étonne.

d. .... est un synonyme de père.

e. Chloé aime être .... avec les autres en leur faisant des cadeaux.

f. Mozart était un .... de la musique !

g. Un .... ouvre toujours la porte aux dames.

7 **Ils l'ont dit !**

Ubi bene, ibi patria

a. Traduisez le premier proverbe.
....

b. Comment comprenez-vous cette locution ?
....

Qualis pater, talis filius

c. Traduisez le second proverbe.
....

Ludus

8 Remettez les lettres dans l'ordre pour trouver dix mots latins en lien avec la famille ou les âges de la vie.

OXUNCJ................ OORRS................ REMTA................

STAAE................ XESNE................ TPARE................

RTEFAR................ SINEVUJ................

NEGS................ OXUR................

Le héros, un être exceptionnel

Une formation exigeante !

Qu'il soit demi-dieu ou simple mortel, le héros est un être exceptionnel, d'un courage et d'un mérite supérieurs. Sa formation est un véritable parcours du combattant !

1 Le plus grand des héros grecs est Héraclès, le fils de Zeus et d'Alcmène, une noble mortelle. Jalouse, la déesse Héra [...] jure la perte de l'enfant illégitime et envoie deux serpents tuer le nouveau-né dans son berceau. Mais Héraclès démontre sa précocité et sa force surhumaine en les étranglant.

Suit une période de formation auprès de différents maîtres dont le centaure Chiron qui lui enseigne
5 *l'art de la médecine et du combat.*

Le héros se forge une réputation de sauveur en débarrassant la Grèce de ses monstres et brigands. Exaspérée, Héra le frappe de folie. [...] Héraclès tue sa femme Mégara et ses huit enfants. Afin d'expier ces meurtres, il doit se mettre au service d'Eurysthée et accomplir douze travaux. Grâce à son courage et à sa force, Héraclès triomphe de ces épreuves en apparence insurmontables.
10 Il accède au rang de dieu.

Le Robert Dixel, 2013.

1 a. Relevez dans le texte ci-dessus les éléments qui vous permettront de compléter le *curriculum vitae* d'Hercule. **b.** Citez un héros moderne qui suit le même type de parcours.

Hercule

- **Enfance :**
....
- **Parcours de formation :**
....
....
- **Expériences professionnelles de héros :**
....
- **Ennemis connus :**
....
- **Objectif :**
....

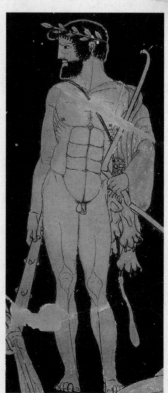

Détail d'un cratère attique à figures rouges, vᵉ s. av. J.-C., retrouvé à Orvieto (Italie), musée du Louvre.

Le langage de la céramique

Les vases de l'Antiquité étaient véritablement « lus » par les Romains et les Grecs. Des indices permettaient de reconnaître les personnages et les mythes représentés. Aujourd'hui, ce sont les « céramologues », archéologues spécialisés dans l'étude des vases, qui savent décrypter tous ces indices. Utilisez le vade-mecum du céramologue pour étudier ces œuvres.

Vade-mecum du céramologue

■ **Figures noires/figures rouges.** On distingue deux techniques de peinture dans les céramiques antiques. Les **figures noires** sont plus anciennes (VIIᵉ-Vᵉ s. av. J.-C.) : on peint les sujets en noir sur le fond rouge argileux, les détails sont peu nombreux. Les **figures rouges** (Vᵉ-IVᵉ s. av. J.-C.) : les contours des personnages sont tracés, puis le vase est peint en noir et cuit. On peut alors affiner les détails en dessinant sur l'argile avec des pinceaux fins.

■ **Le nu dans l'Antiquité :** les Grecs et les Romains portent une grande attention au corps, les artistes cherchent donc à représenter la beauté idéale et parfaite dans leurs œuvres en montrant les corps nus. Cela ne signifie pas qu'ils se promenaient nus !

■ **Le *contrapposto* :** déhanchement du corps qui donne du mouvement et fait ressortir les muscles.

■ **Les types de vases :**

Amphore
→ pour conserver les liquides

Lécythe
→ pour stocker de l'huile parfumée

Cratère
→ pour mélanger l'eau et le vin

Pélikè
→ pour conserver les aliments

---

2 À partir de vos observations et du *Vade-mecum* du céramologue, complétez les fiches de renseignements des quatre céramiques ci-dessous (pour vous aider, voir l'encadré ci-contre).

Les reconnaissez-vous ?

Quatre des douze travaux d'Hercule sont **représentés sur ces céramiques :**
- le lion de Némée,
- les pommes d'or du jardin des Hespérides,
- le taureau de Crète,
- l'hydre de Lerne.

À vous de les retrouver sur les vases !

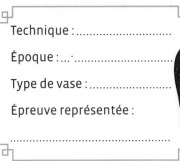

Technique : ....
Époque : ....
Type de vase : ....
Épreuve représentée : ....

Technique : ....
Époque : ....
Type de vase : ....
Épreuve représentée : ....

Technique : ....
Époque : ....
Type de vase : ....
Épreuve représentée : ....

Technique : ....
Époque : ....
Type de vase : ....
Épreuve représentée : ....

BILAN

▶ Je comprends un texte latin

1 Lisez le texte latin.

La ruse du centaure

Déjanire, la seconde épouse d'Hercule, se désolait de voir son mari lui préférer une jeune captive. Pour regagner son amour, elle décida de lui faire revêtir un manteau trempé du sang du centaure Nessus, sur les conseils de ce dernier. Hélas, c'était un piège…

1 Quam <u>Hercules</u> <u>jam</u> induerat statimque
flagrare coepit ; qui cum se <u>in flumen</u>
conjecisset, ut <u>ardorem</u> extingueret, <u>major</u>
<u>flamma exibat</u> ; demere autem cum vellet,
5 <u>viscera</u> sequebantur. […] <u>Tunc poetae</u>
<u>dicunt Philoctetem</u>, Poeantis <u>filium</u>, <u>pyram</u>
<u>in monte Oetaeo construxisse Herculi</u>,
<u>eumque</u> ascendisse <u>immortalitatem</u>. <u>Ob</u>
<u>id beneficium</u>, <u>Philocteti Hercules arcus et</u>
10 <u>sagittas donavit</u>. Dejanira, quae <u>credebat</u>
<u>conjugem mortuum esse</u>, ipsa se interfecit.

Mais .... l'avait .... enfilé et il commença
aussitôt à prendre feu ; alors qu'il s'était jeté ....
pour éteindre ....
.... ; et comme il voulait l'arracher,
.... venaient avec. […] ....
.... Poéas, ...
....,
et que .... atteignit, en y montant, l'............................ .
....,
....
Déjanire, ...
se donna elle-même la mort.

D'après HYGIN, *Fables*, 36, 3-6.

2 À quel cas est flumen (l. 2) ? Pourquoi ? ....
....

3 À quel cas est le groupe monte Oetaeo (l. 7) ? Pourquoi ?
....

4 Tunc poeta dicunt Philoctetem pyram construxisse (l. 5-7) :
quelle construction grammaticale reconnaissez-vous ici ?
....
....

5 À quel cas sont Herculi (l. 7) et Philocteti (l. 9) ? Pourquoi ?
....
....

6 Complétez le texte français en traduisant les mots soulignés.

7 Complétez la traduction des mots latins soulignés en vous aidant de vos réponses aux questions précédentes.

Boîte à outils

arcus, us, m. : arc
ardor, is, m. : brûlure
beneficium, ii, n. : bienfait, service
construo, is, ere, construxi, constructum : construire, élever
dono, as, are, avi, atum : donner, offrir
Hercules, is, m. : Hercule
major, majoris : plus grand
mons, montis, m. la montagne
ob + acc. : en échange de
Oetaeus, a, um : de l'Oeta (montagne de Grèce)
Philoctectes, is, m. : Philoctète
pyra, ae, f. : bûcher
sagitta, ae, f. : flèche
viscer, visceris, n. : les entrailles

▶ Je maîtrise la troisième déclinaison et le vocabulaire latin

8 **1. Passez les phrases suivantes au pluriel. 2. Traduisez les phrases obtenues.**

a. Amor conjugem laetam facit.

....

b. Pater nomen filio suo dedit.

....

c. Ubi miles ad hostem currit, is fugit.

....

....

▶ Je connais les dieux romains

9 **Remplissez la fiche de renseignement de chacune des œuvres ci-dessous.**

É. Jeaurat (1699-1789),
huile sur toile, musée du Louvre, Paris.

Divinité représentée :

....

Attributs : ....

....

Domaine d'action :

....

Huile sur toile,
École de Fontainebleau, milieu xviᵉ s.,
musée du Louvre, Paris.

Divinité représentée : ....

Attributs : ....

....

Domaine d'action :

....

J. Stella (1596-1657), huile sur toile,
musée du Louvre, Paris.

Divinité représentée : ....

Attributs : ....

....

Domaine d'action : ....

....

....

Je m'évalue

Compétences du socle commun travaillées	Exercices	Date
Compétence 2 – La pratique d'une langue vivante étrangère		
▶ Savoir repérer des informations dans un texte	Exercices 1 à 5	
▶ Comprendre le sens général de documents écrits	Exercices 6 et 7	
Compétence 5 – La culture humaniste		
▶ Avoir des connaissances et des repères relevant de la culture littéraire et artistique.	Exercice 9	

Les animaux, domestiques ou sauvages, occupent une place importante dans la vie des Romains.

Cette œuvre, découverte dans la Maison du Faune à Pompéi, présente des animaux et des plantes exotiques. Ce genre de représentation était très populaire dans le monde romain.

Lire l'image

....

....

Paysage nilotique, IIᵉ s. av. J.-C., Maison du Faune, Pompéi (Italie)

Les tesselles

Une mosaïque est une juxtaposition de **tesselles** liées par un mortier pour former une image *(voir encadré p. 59)*.

On distingue deux manières de travailler :

■ **l'opus tesselatum** consiste à utiliser des cubes de pierre réguliers, souvent pour représenter des décors géométriques ;

■ **l'opus vermiculatum** consiste à utiliser des pierres irrégulières, parfois minuscules, qui permettent de tracer des dessins figuratifs.

1 De quel type d'œuvre s'agit-il ? Cochez la bonne réponse.

☐ Fresque   ☐ Mosaïque   ☐ Céramique à figures rouges

2 Comment l'impression de vie est-elle rendue sur cette image ?

....

....

....

3 Complétez les cadres en associant à chaque animal son nom latin.

hippopotamus – crocodilus – anas – ibis – serpens

4 D'après vous, pourquoi appelle-t-on ce type de scène un « paysage nilotique » ?

....

....

....

5 Lisez l'encadré et observez le détail ci-contre pour dire quelle est la technique utilisée dans cette œuvre.

....

Lire en latin

Crocodiles contre dauphins : qui l'emporte ?

1 Balbillus, vir optimus perfectusque,
in Aegypto praefectus erat. Narrat vidisse
proelium inter agmen delphinorum
a mari occurrentium et crocodilorum
5 a flumine. Crocodili ab animalibus
placidis morsuque innoxiis vincuntur.
Crocodilorum enim superior pars corporis
dura et impenetrabilis est, at inferior
mollis ac tenera. Itaque delphini, spinis
10 quas dorso gerunt, submersi vulnerabant
crocodilos et in adversum enisi dividebant.
__Rescissis pluribus hoc modo__, ceteri velut
__acie versa__ refugerunt.

Balbillus, homme ....
....
.... venant
....
.... sont vaincus par ....
.... et à la morsure inoffensive. En effet la partie
supérieure ....
.... la partie inférieure est molle et tendre.
.... avec l'aileron qu'ils portent sur
le dos, sous l'eau .... et les
.... en forçant en sens contraire. ....
....
....

D'après SÉNÈQUE, *Questions naturelles*, IV, 4, 2.

6 **À quel cas sont les deux expressions soulignées ?**

....

7 **De quels mots sont-elles composées ?**

....
....
....

Homme chevauchant un dauphin, bronze, IIᵉ siècle, musée d'Éphèse (Turquie).

8 **Vincuntur (l. 6) : « sont vaincus ». À quelle voix est conjugué ce verbe ?**

....

9 **Complétez la traduction.**

10 **Entourez les mots latins appartenant au champ lexical de la guerre.**

11 **Quel peut être le message adressé à ses lecteurs par Sénèque ?**

....
....

12 **Quel auteur français du XVIIᵉ siècle utilise aussi des animaux pour faire passer des messages à ses lecteurs ?**

....

Boîte à outils

optimus, a, um : excellent
praefectus, i, m. : préfet
proelium, ii, n. : combat
agmen, inis, n. : troupe
mare, is, n. : mer
at : mais
itaque : ainsi
vulnero, as, are : blesser
divido, is, ere : fendre
rescindo, is, ere, scidi, rescissum : déchirer
plures, ium : un grand nombre
hoc modo : de cette façon
ceteri, ae, a : tous les autres
velut : comme
acies, ei, f. : armée (ici, à l'abl. sg.)
verto, is, ere, verti, versum : vaincre
refugio, is, ere, fugi : s'enfuir

→ Le passif

Observons

Pulchra puella amat juvenem.   La belle jeune fille aime le jeune homme.

Juvenis amatur a puella.   Le jeune homme est aimé par la jeune fille.

1 Encadrez les verbes latins et français qui sont à la voix active.

2 Soulignez les verbes latins et français à la voix passive.

3 Comment le complément d'agent est-il formé en latin ? ....

....

Retenons

Nota bene

• Pour former un verbe au passif en **français**, on utilise l'auxiliaire **être** (au temps voulu) suivi du **participe passé**.

A Les terminaisons du passif

En latin, on reconnaît un verbe au passif grâce à ses terminaisons. Apprenez-les par cœur !

1re pers. sg.	2e pers. sg.	3e pers. sg.	1re pers. pl.	2e pers. pl.	3e pers. pl.
-r	-ris	-tur	-mur	-mini	-ntur

B Formation du présent et de l'imparfait passif

RECETTE pour former le présent et l'imparfait passif

Exemple : amo, as, are, avi, atum : aimer

1 Prendre le radical du présent (avec le suffixe **-ba-** pour l'imparfait)
→ **ama-/ama-ba-**

2 Ajouter les terminaisons du passif → **ama-ris** : tu es aimé
     ama-ba-ris : tu étais aimé

	PRÉSENT PASSIF				
	amo, as, are	deleo, es, ere	lego, is, ere	capio, is, ere	audio, is, ire
1re pers. sg.	amo-r	deleo-r	lego-r	capio-r	audio-r
2e pers. sg.	ama-ris	dele-ris	lege-ris	cape-ris	audi-ris
3e pers. sg.	ama-tur	dele-tur	legi-tur	capi-tur	audi-tur
1re pers. pl.	ama-mur	dele-mur	legi-mur	capi-mur	audi-mur
2e pers. pl.	ama-mini	dele-mini	legi-mini	capi-mini	audi-mini
3e pers. pl.	ama-ntur	dele-ntur	legu-ntur	capiu-ntur	audiu-ntur
	IMPARFAIT PASSIF				
1re pers. sg.	ama-ba-r	dele-ba-r	leg-eba-r	capi-eba-r	audi-eba-r
2e pers. sg.	ama-ba-ris	dele-ba-ris	leg-eba-ris	capi-eba-ris	audi-eba-ris
3e pers. sg.	ama-ba-tur	dele-ba-tur	leg-eba-tur	capi-eba-tur	audi-eba-tur
1re pers. pl.	ama-ba-mur	dele-ba-mur	leg-eba-mur	capi-eba-mur	audi-eba-mur
2e pers. pl.	ama-ba-mini	dele-ba-mini	leg-eba-mini	capi-eba-mini	audi-eba-mini
3e pers. pl.	ama-ba-ntur	dele-ba-ntur	leg-eba-ntur	capi-eba-ntur	audi-eba-ntur

C Le complément d'agent

● Le complément d'agent s'exprime en latin par la préposition a(b) **suivie de l'ablatif**.
   Exemple : Crocodili vincuntur a delphinis. Les crocodiles sont vaincus par les dauphins.

● Si ce complément est une **chose**, on utilise l'ablatif seul (complément de moyen).
   Exemple : Miles vincebatur armis. Le soldat était vaincu par les armes.

● Un verbe latin au passif sans complément d'agent peut être traduit par **on** + **verbe à l'actif**.
   Exemple : Fabula de animalibus leguntur. Des histoires sur les animaux sont lues.
   → **On lit** des histoires sur les animaux.

Exerçons-nous

Revoir la voix passive en français

4 Transformez ces verbes au passif. Attention au temps de l'auxiliaire.

Ils saluaient .... Elle aidait ....

Nous écoutons .... Vous choisissez ....

Reconnaître et conjuguer une forme verbale au passif

5 Encadrez les formes passives, puis traduisez-les.

agitur .... colimus ....

credebamus .... vocaris ....

videbantur .... rapiebamur ....

faciuntur .... vincuntur ....

6 Reliez chaque forme verbale à sa traduction.

vous aimez ●   ● audiebat   tu prends ●   ● videbam

vous êtes aimés ●   ● auditur   tu es pris ●   ● capis

il entendait ●   ● amatis   nous conduisons ●   ● videbar

elle est entendue ●   ● audiebatur   je voyais ●   ● caperis

elle était entendue ●   ● amamini   j'étais vu ●   ● ducimus

Maîtriser l'ensemble des formes verbales connues

7 Traduisez ces séries de verbes le plus vite possible.

a. facit .... facitur .... faciebat ....

faciebatur .... fecit ....

b. colo .... color ....

colebam .... colebar ....

colui ....

c. laudatis .... laudamini ....

laudabatis .... laudabamini ....

laudavistis ....

d. delent .... delentur ....

delebant .... delebantur ....

deleverunt ....

e. oras .... oraris .... orabas ....

orabaris .... oravisti ....

f. vincimus .... vincimur ....

vincebamus .... vincebamur ....

vicimus ....

Vocabulaire à retenir

▶ **Verbes**

colo, is, ere, colui, cultum : cultiver, habiter, honorer

duco, is, ere, duxi, ductum : conduire

laudo, as, are, avi, atum : louer

oro, as, are, avi, atum : prier

pono, is, ere, posui, positum : poser, établir

scribo, is, ere, scripsi, scriptum : écrire

servo, as, are, avi, atum : garder, conserver

vinco, is, ere, vici, victum : vaincre

▶ **Noms**

avis, is, f. : oiseau

fabula, ae, f. : histoire, fable, mythe

imago, inis, f. : image, apparence

monstrum, i, n. : monstre

pes, pedis, m. : pied

→ Le participe parfait passif et l'ablatif absolu

Observons

Crocodilus a puero interfectus non parvus erat.

Imperatore victo, milites non laeti sunt.

Le crocodile tué par un enfant n'était pas petit.

Le général ayant été vaincu, les soldats ne sont pas contents.

Astuce

Aidez-vous des rubriques « Vocabulaire à retenir » p. 65 et 67 pour répondre aux questions.

1 Soulignez les mots qui signifient « tué » dans la première phrase, et « vaincu » dans la suivante.

2 Quelle est leur nature grammaticale ? ....

3 Sur quelle forme des temps primitifs ces mots sont-ils construits ?

....

Retenons

RAPPEL

Participe présent : aimant

Participe passé : (ayant été) aimé

A Le participe parfait passif

● Le participe parfait passif correspond au **participe passé français**. Il se **décline** comme les **adjectifs de la première classe** (voir p. 24).

RECETTE pour former le participe parfait passif

Exemple : mitto, is, ere, misi, missum : envoyer
1 Prendre la 5e forme des temps primitifs (le supin) → **missum**
2 Retirer -um → **miss-**
3 Ajouter -us pour le masculin, -a pour le féminin, -um pour le neutre → **missus – missa – missum** : (ayant été) envoyé

● Le participe parfait passif peut s'employer comme **un adjectif qualificatif.**
Exemple : Viri ab hoste interfecti coluntur. Les hommes tués par l'ennemi sont honorés.

● Le participe parfait passif peut s'employer comme un **verbe** dans **un ablatif absolu.**

B L'ablatif absolu

Ablatif absolu = nom à ablatif + participe parfait passif à l'ablatif

● L'ablatif absolu est une **proposition participiale.**
Exemple : Libro lecto, puer in hortum exiit. Le livre (ayant été) lu, l'enfant sortit dans le jardin.

● L'ablatif absolu a une valeur **circonstancielle** : on peut le traduire par un complément de temps ou de cause.
Exemple : Libro lecto, puer in hortum exiit. Le livre (ayant été) lu, l'enfant sortit dans le jardin.
→ Après avoir lu son livre, l'enfant sortit dans le jardin.

Exerçons-nous

Reconnaître un participe parfait passif

4 Formez le participe parfait passif des verbes suivants et donnez sa traduction.

do : ....   vinco : ....

capio : ....   facio : ....

habeo : ....   peto : ....

scribo : ....   colo : ....

5 Retrouvez les verbes auxquels correspondent ces participes parfaits passifs.

pugnatus, a, um : .... – perventus, a, um : .... – laudatus, a, um : ....

amatus, a, um : .... – gestus, a, um : .... – tentus, a, um : ....

6 Analysez les groupes de mots suivants (genre, nombre et cas) en indiquant toutes les possibilités.

a. puerorum visorum : ....

b. militibus missis : ....

c. urbium captarum : ....

Maîtriser le participe parfait passif

7 **1.** Soulignez le participe parfait passif et entourez le nom auquel il se rapporte.
2. Traduisez.

a. Romani imperatorem victum non laudaverunt.

....

b. Servi a domino amati boni sunt.

....

c. Legebam libros ab amico scriptos.

....

d. Urbs Roma muris a populo factis servabatur.

....

8 **1.** Entourez le nom et soulignez le participe dans ces ablatifs absolus.
2. Traduisez.

a. Urbe capta ....

b. Signo dato ....

c. Creditis multis juvenibus ....

d. Rosis deae datis ....

e. Consulis equo interfecto ....

f. Raptis domini puellis ....

Vocabulaire à retenir

▶ **Verbes**

cedo, is, ere, cessi, cessum : marcher, se retirer, céder

gero, is, ere, gessi, gestum : faire, mener (gero bellum cum + abl. : faire la guerre contre qqn)

interficio, is, ere, interfeci, interfectum : tuer

pervenio, is, ire, veni, ventum : parvenir

peto, is, ere, ivi, ii, itum : se diriger vers, chercher, demander

▶ **Noms**

ingenium, ii, n. : talent

lex, legis, f. : loi

moenia, ium, n. pl. : murailles

pars, partis, f. : part, partie

proelium, ii, n. : combat

signum, i, n. : signal

spatium, ii, n. : espace

verbum, i, n. : mot, parole

virtus, utis, f. : courage, qualité, vertu

Atelier de traduction

Les outils du traducteur

1 Vrai ou faux ? Cochez la bonne réponse.

	Verum	Falsum
a. Le complément d'agent se traduit par **in** + ablatif	☐	☐
b. Une phrase passive a toujours un complément d'agent.	☐	☐
c. Un ablatif absolu se compose d'un nom et d'un participe à l'ablatif.	☐	☐
d. Les terminaisons d'un verbe au passif sont -r, -ris, -tur, -mur, -mini, -ntur.	☐	☐

Traduire pas à pas

2 **1.** **Mettez les phrases actives au passif. 2. Traduisez.**

**Exemple** : Romani deos colunt. → Dei coluntur a Romanis. Les dieux sont honorés par les Romains.

a. Mater filias amat. ....

....

b. Dux multos milites ducebat. ....

....

c. Domini servos vident. ....

....

d. Pater filiis fabulam legit. ....

....

e. Flora fabulas scribebat. ....

....

3 **Traduisez ces phrases au passif sans complément d'agent par le pronom _on_.**

**Exemple** : Libri leguntur. Des livres sont lus. → On lit des livres.

a. Crocodili in flumine Nilo videntur. ....

b. Nomen patris filiis datur. ....

c. Pueris multi libri dabantur. ....

4 **1. Encadrez l'ablatif absolu. 2. Traduisez de manière élégante.**

a. Crocodilis victis, delphini soli in flumine sunt.

....

b. Verbis hominibus dictis, dei deaeque redeunt in Olympum.

....

c. Eis verbis auditis, populus in forum Romanum venit.

....

d. Pace cum Romanis facta, milites dormire possunt.

....

Boîte à outils

solus, a, um : seul
redeo, is, ire : retourner
Olympus, i, m. : Olympe

5 **Le texte latin ci-dessous est traduit par groupes de mots. Associez-y les groupes de mots latins correspondants.**

> Jam nullum est animal inimicius homini quam crocodilus, qui saepe totos homines devorat et arte maliciam adjuvat, hausta aqua lubricans semitas, quibus descendant ad Nilum aquam hausturi, quo collapsos devoret.
>
> ÉRASME, *Les Colloques*, *L'Amitié*, colloque 61, 33.

Pygmées chassant des crocodiles et des éléphants, fresque de Pompéi, Ier s.

a. Aucun animal ....

b. n'est plus ennemi ....

c. de l'homme ....

d. que le crocodile ....

e. qui dévore ....

f. souvent ....

g. des hommes entiers ....

h. et augmente sa méchanceté ....

....

i. par l'artifice ....

j. en rendant glissants ....

k. à l'aide de l'eau dont il a empli sa gueule ....

l. les sentiers ....

m. par lesquels ....

n. descendent ....

o. ceux qui vont puiser ....

p. de l'eau ....

q. dans le Nil ....

r. afin de dévorer ....

s. ceux qui sont tombés. ....

Version

Thésée chez le Minotaure

Thésée est un héros athénien. Il va un jour en Crète, sur l'île du roi Minos, pour tuer le Minotaure. Le Minotaure était le demi-frère d'Ariane, la fille de Minos. Il était né d'un taureau et de la femme de Minos, et dévorait chaque année sept jeunes Athéniens et sept jeunes Athéniennes...

> Theseus, Graecus vir, in Minois domum venit. Is habitabat Cretam. Ariadna, Minois filia, Theseum amavit : tum fratrem prodivit et hospitem servavit. Nam ea Theseo monstravit labyrinthi exitum. Theseus Minotaurum interfecit et exiit ex labyrintho Ariadnae consiliis. Deinde cum ea conjuxit...
>
> D'après HYGIN, *Fables*, 47.

Boîte à outils

Theseus, i, m. : Thésée
Graecus, a, um : grec
Minos, ois, m. : Minos
Ariadna, ae, f. : Ariane
prodo, is, ere, ivi, itum : livrer, trahir
hospes, itis, m. : hôte, étranger
servo, as, are, avi, atum : sauver
consilium, ii, n. : conseil
conjugo, is, ere, juxi, junctum : épouser

6 **Traduisez le texte latin.**

....

....

....

....

....

D'après HYGIN, *Fables*, XLII.

Du latin au français

Mémoriser le vocabulaire latin

1 Les mots de chaque liste ont pour racine un même mot latin. Donnez-le.

a. Résigner – désigner – signer – assigner : ....

b. Répéter – pétition – appétit : ....

c. Loi – légal – légitime – délégaliser : ....

d. Pédicure – bipède – quadrupède : ....

e. Espacer – spatial – spacieux : ....

2 Des syllabes des verbes de la leçon ont été rangées en vrac dans un sac. Reformez autant de verbes que possible.

....

....

3 Traduisez les mots ci-dessous et complétez la grille pour former le mot latin mystère qui répond à la définition suivante : « Je suis celui qu'on montre du doigt »

A. image (nomin. sg.)
B. je prie
C. je vaincs
D. oiseaux (nomin. pl.)
E. parties (acc. pl.)
F. des combats (gén. pl.)
G. talent (acc. sg.)
H. espace (nomin. sg.)

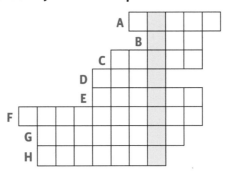

Enrichir son vocabulaire

4 Le mot fabula, ae, f. (légende) a donné un grand nombre de mots français. Complétez les phrases suivantes avec des mots formés sur celui-ci.

a. Je ne crois rien de ce que Sophie me raconte : elle n'arrête pas de ....

b. .... ! Un but marqué dans les arrêts de jeu !

c. Cet .... veut nous faire croire qu'il a fait le tour du monde alors qu'il n'est jamais sorti de chez lui : quel mythomane !

d. On trouve toujours une morale à la fin d'une ....

e. Je ne saurais t'expliquer ce que j'ai ressenti, c'est totalement ....

f. Alban vient gentiment parler à tout le monde, il est on ne peut plus ....

5 Le mot fabula vient du verbe latin for, faris, fari, fatus sum (parler). Reliez chacun des mots suivants à sa définition.

préface ●   ● être qui ne parle pas
confession ●   ● dire du mal de quelqu'un
fameux ●   ● célèbre, dont on parle
diffamer ●   ● ce que l'on dit pour avouer quelque chose
fatal ●   ● ce que l'on dit avant le début du texte
enfant ●   ● ce qui a été dit, fixé par le destin

98 © Nathan 2014 – Photocopie non autorisée

6 Retrouvez le mot français formé sur **pono, is, ere, posui, positum (poser)** pour compléter les phrases suivantes.

a. Le témoin a .... sa signature au bas de sa déclaration.

b. Il faut laisser .... la pâte deux heures avant de l'étaler.

c. Charles n'a pas à nous .... tout le temps ce qu'il veut.

d. Peux-tu me .... en ville si tu y vas ?

e. Comme il est fort, on l'a .... à la surveillance du stade.

7 Construisez le maximum de mots français en combinant des radicaux issus du verbe latin **cedo, is, ere, cessi, cessum (marcher)** et des préfixes.

Préfixes: ac- con- sé- pro- dé- suc- ex- ré-

Radicaux: -céder -cession -cès

....

....

....

....

8 *Ils l'ont dit !*

Lupus in fabula...

a. Traduisez.

....

b. À quelle expression française ce proverbe peut-il renvoyer ? Que signifie-t-elle ?

....
....
....

Homo lupus homini (est)

a. Traduisez.

....

b. Que signifie ce proverbe ?

....
....
....

Boîte à outils

sator, oris, m. : semeur, laboureur
Arepo, onis, m. : Arepo (nom propre)
opera, ae, f. : soin
rota, ae, f. : roue

Ludus

9 a. Dans combien de sens pouvez-vous lire l'inscription gravée ?

....
....

b. Retranscrivez cette phrase. ....

c. Essayez de traduire l'inscription. ....
....

d. Sur l'image, le verbe **TENET** dessine un signe. Tracez-le sur l'image. ....

e. À qui ce symbole a-t-il pu servir de signe de reconnaissance ?

....

Carré magique à Oppède (Vaucluse).

Enquête au musée des métamorphoses

Punitions divines

Lorsque les humains mécontentent les dieux, ils peuvent être sévèrement punis, par exemple en étant « transformés » en animal ou en objet. Ces châtiments se nomment des métamorphoses.

1 **Recomposez les mots qui ont été séparés dans les deux vases.**

morpho- poly-
anthropo- dif-
trans- méta-

-logie
-morphe
-forme -porter
-bolisme

Les métamorphoses

■ Une « **métamorphose** » (mot d'origine grecque) ou « **transformation** » (mot d'origine latine) est un « passage » (*méta-/trans-*) d'une « forme » (*morphè/forma*) à une autre.

■ Les métamorphoses sont le **privilège des dieux** qui seuls ont le droit de sortir de leur condition pour en expérimenter une autre. Pour les hommes, les métamorphoses sont des punitions pour avoir voulu échapper à leur condition humaine ou avoir déplu aux dieux.

....

....

....

....

....

À vous de mener l'enquête !

*Le **LBI** (Latin Bureau of Investigation) doit mettre à jour les dossiers d'enquêtes. Chaque dossier est composé de **deux éléments** :*
– les indices trouvés dans les textes du principal témoin : le poète OVIDE dans ses Métamorphoses ;
– une illustration réalisée par un témoin oculaire.

2 **Complétez les fiches-enquêtes des affaires suivantes à l'aide des indices donnés.**

Affaire n°1 : Daphné

▶ **Déposition du témoin** OVIDE :
« Sa poitrine délicate s'entoure d'une écorce ténue, ses cheveux poussent en feuillage, ses bras en branches, des racines immobiles collent au sol son pied, naguère si agile, une cime d'arbre lui sert de tête. Le dieu lui dit : "Eh bien, puisque tu ne peux être mon épouse, au moins tu seras mon arbre". »

▶ **Témoin oculaire :** LE BERNIN, *Apollon et Daphné*, marbre, 1623, Villa Borghese, Rome.

Dossier n°1 : **Affaire Daphné/**
• Date et lieu de conservation des indices :

• **Nature de l'indice :**
• **Auteur :**
• **Résumé de l'affaire :** La nymphe Daphné cherche à échapper au dieu Apollon épris de sa beauté.
• **Châtiment :**

Affaire n°2 : Lycaon

➤ **Déposition du témoin**
OVIDE : « Ses vêtements se convertissent en un poil hérissé ; ses bras deviennent des jambes ; il est changé en loup, et il conserve quelques restes de sa forme première : son poil est gris comme l'étaient ses cheveux ; on remarque la même violence sur sa figure. »

➤ **Témoin oculaire :** RUBENS, *Lycaon changé en loup*, huile sur toile, 1636, musée d'Art et d'histoire, Rochefort (Charentes maritimes).

Dossier n°2 : Affaire Lycaon/
- Date et lieu de conservation des indices :

- Nature de l'indice :
- Auteur :
- Résumé de l'affaire : Lycaon méprise les dieux, il les invite à sa table et leur fait manger de la chair humaine.
- Châtiment :

Affaire n°3 : Actéon

➤ **Déposition du témoin**
OVIDE : « Soudain sur la tête du prince s'élève un bois rameux ; son cou s'allonge ; ses oreilles se dressent en pointe ; ses mains sont des pieds ; ses bras, des jambes effilées ; et tout son corps se couvre d'une peau tachetée. Ses chiens l'ont aperçu. La meute arrive, fond sur lui, le déchire. »

➤ **Témoignage oculaire :**
Mort d'Actéon, vᵉ s. av. J.-C., musée du Louvre, Paris.

Dossier n°3 : Affaire Actéon/
- Date et lieu de conservation des indices :

- Nature de l'indice :

- Auteur : inconnu.
- Résumé de l'affaire : Le chasseur Actéon a surpris la déesse Diane prenant son bain.
- Châtiment :

Affaire n°4 : Arachné

➤ **Déposition du témoin** OVIDE : « Ses cheveux tombent, ses traits s'effacent, sa tête et toutes les parties de son corps se resserrent. Ses doigts amincis s'attachent à ses flancs. Fileuse araignée, elle exerce encore son premier talent, et tire du ventre arrondi qui remplace son corps les fils déliés dont elle ourdit sa toile. »

➤ **Témoin oculaire :** Gustave DORÉ, *Arachné*, 1861, gravure réalisée pour la *Divine Comédie* de Dante.

Dossier n°4 : Affaire Arachné/
- Date et lieu de conservation des indices :

- Nature de l'indice :
- Auteur :
- Résumé de l'affaire : La jeune Arachné excelle dans l'art du tissage, elle remporte un concours contre la déesse Minerve.
- Châtiment :

BILAN

Je comprends un texte latin

Lupus et agnus

1 Agnus in agro vivebat et saepe ad rivum ibat.
Subito lupus e silva exiit. Ad rivum lupus et agnus
venerunt, siti[1] compulsi. Superior[2] stabat lupus
longeque inferior agnus. Lupus agno dixit : « Cur
5 turbulentam fecisti mihi aquam ? » Respondit
laniger : « Tuam aquam non turbulentam feci ! »
Repulsus veritatis viribus lupus dixit : « Ante eos
sex menses male dixisti mihi ». Respondit agnus :
« Ego natus non eram ». Respondit lupus : « Pater
10 tuus male dixit mihi ». Atque lupus agnum rapuit,
eum traxit et laceravit.
Ea fabula scribitur propter homines, qui fictis
causis innocentes opprimunt.

D'après PHÈDRE, *Fables*, I, 1.

1. sitis, is, f. : soif (ici, à l'abl. pl.)
2. superior : placé plus haut ; inferior : placé plus bas.

1 Soulignez les deux participes parfaits passifs du texte ainsi que les compléments de moyen qui leur sont associés.

2 Encadrez le verbe au présent passif.

3 Traduisez le texte en vous aidant du lexique p. 109.

4 Quel auteur français du XVIIe siècle s'est inspiré de cette fable ?

Je maîtrise la conjugaison

5 Complétez le tableau ci-dessous.

Forme verbale	Voix	Mode	Temps	Personne	Traduction
eramus					
vincunt					
putavisse					
ducebatur					

Je maîtrise les emplois du participe et le participe parfait passif

6 À quel verbe appartiennent ces participes parfaits passifs ?

actus : .... datus : .... itus : ....

interfectus : .... missus : .... amatus : ....

7 Traduisez.

a. Militem ab imperatore captum rex interrogavit. ....

....

b. Bello cum hostibus gesto, milites in patriam ire possunt. ....

....

Je connais le vocabulaire

8 Reliez chaque mot à sa traduction.

avis ●	● histoire	monstrum ●	● combat
fabula ●	● talent	proelium ●	● espace
imago ●	● loi	signum ●	● mot
ingenium ●	● oiseau	spatium ●	● monstre
lex ●	● remparts	verbum ●	● qualité, courage
moenia ●	● apparence	virtus ●	● signal

Je connais la mythologie

9 Complétez les trois fiches suivantes.

a. Qui se métamorphose ? Daphné

En quoi ? ....

Pourquoi ? ....

....

b. Qui se métamorphose ?

....

En quoi ? ....

Pourquoi ? Pour avoir surpris Diane dans son bain.

c. Qui se métamorphose ? ....

En quoi ? En araignée

Pourquoi ? ....

....

....

Je m'évalue

Compétences du socle commun travaillées	Exercices	Date
Compétence 2 – La pratique d'une langue vivante étrangère		
▶ Savoir repérer des informations dans un texte	Exercices 1, 2 et 3	
▶ Comprendre le sens général de documents écrits	Exercices 4 et 8	
Compétence 5 – La culture humaniste		
▶ Avoir des connaissances et des repères relevant de la culture littéraire et artistique	Exercices 5 et 10	

Flora et Marcus ont consulté l'oracle d'Apollon... Ils doivent décrypter sa prophétie s'ils veulent accéder au niveau supérieur : la classe de quatrième !

La prophétie d'Apollon

« En révisant la langue le nom du père vous trouverez ; sur une œuvre d'art le nom de la mère vous rencontrerez ; celle qui garde le lexique vous n'oserez regarder ; par la traduction l'amour sera délivré ; à la fin le nom d'un héros vous sera révélé. »

Aenigma 1

1 À l'aide des étiquettes, reconstituez des mots-outils et rangez-les dans l'amphore. Les trois étiquettes non utilisées vous indiqueront le nom du père du héros.

NUN   PER   TER   SEM   PI

QUE   ETI   AM   JU   DE

DEIN   NE   PE   QUAM   SAE

Pater est : ....

Aenigma 2

2 a. Traduisez les mots soulignés qui décrivent l'image 1.
b. Les initiales de ces mots latins vous indiqueront le nom de sa mère. Reportez-le sous l'image 2.

1. Riche demeure campagnarde, peinture romaine, IIe s.

2. Fresque romaine du IVe siècle, maison des Épigrammes, Pompéi.

Le <u>maître</u> <u>marchait</u> dans le <u>nouveau</u> <u>champ</u>. L'esclave <u>sortit</u> de la maison de campagne.

Traduction : ....

Mater est : ....

Aenigma 3

3 Complétez en latin cette grille de mots croisés et vous verrez apparaître dans la colonne verte le nom du monstre que notre héros a combattu...

A. Il sert à rompre le jeûne de la nuit.
B. J'ai soumis les peuples gaulois.
C. Celui qui conduit.
D. Toutes les villes romaines en ont un.
E. Il s'enfuit souvent trop vite.
F. C'est l'animal le plus familier.

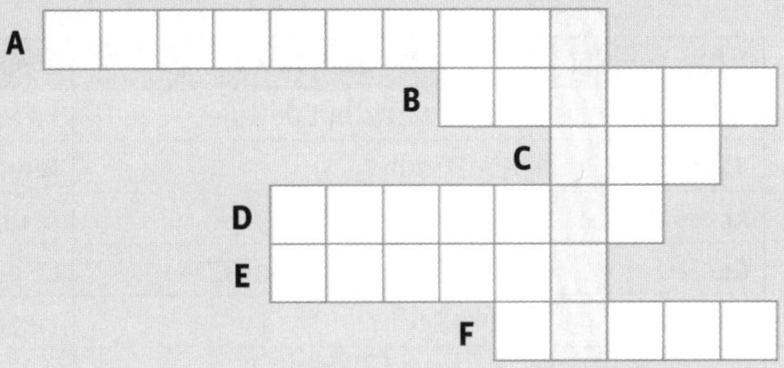

Monstrum est : ....

Aenigma 4

4 a. Retranscrivez cette inscription en séparant les mots latins les uns des autres. Attention, il y a des lettres intruses !
b. Retrouvez le nom de la femme de notre héros en assemblant les lettres inutilisées.
c. Traduisez.

FLORAETMARCUSLAETISUNTANAMMULT
AMONSTRAPUGNAVERUNTNTAME
NDAUXILIOVESTROPERVENIUNTRADVI
CTORIAEVIAMOVOBISGRATIASAGUNT
MOPTIMIEDISCIPULIDESTISE

....
....
....
....
....

Traduction : ....
....
....

Conjugis nomen : ....

Aenigma 5

5 Traduisez en français les mots 1 et 3 de la phrase latine ci-dessous et en anglais les mots 2 et 4. Vous découvrirez le nom d'un héros moderne que le personnage-mystère a inspiré...

Pater videt Jacobii filium. ....

Responsum

6 a. Remplissez la fiche d'identité avec les éléments que vous avez trouvés.
b. Si vous ne l'avez pas encore deviné, faites une recherche pour découvrir le nom du héros représenté sur cette sculpture.

Mihi nomen est : ....

Pater est : ....

Mater est : ....

Monstrum est : ....

Conjugis nomen : ....

Cas et fonctions

Cas en latin	Fonctions	Exemples
Nominatif	Sujet et attribut du sujet	**La jeune fille** regarde. → **Puella spectat.**
Vocatif	Apostrophe	**Jeune fille**, regarde la statue ! → **Puella, specta statuam !**
Accusatif	COD	Je regarde **la jeune fille**. → **Specto puellam.**
Génitif	Complément de nom (CDN)	Le père **de la jeune fille** est grand. → **Pater puellae est magnus.**
Datif	COI, COS	Le père donne un cheval **à la jeune fille**. → **Pater dat equum puellae.**
Ablatif	Complément circonstanciel (CC)	**Grâce à la victoire**, la jeune fille a une grande gloire. → **Victoria** magnam gloriam puella habet.

Les noms

	1re déclinaison	2e déclinaison		3e déclinaison	
	SINGULIER				
Cas	Féminin	Masculin	Neutre	Masc et Fém.	Neutre
	rosa, ae, f. : la rose	**dominus, i**, m. : le maître	**templum, i**, n. : le temple	**pax, pacis**, f. : la paix	**corpus, oris**, n. : le corps
Nominatif	rosa	dominus	templum	pax	corpus
Vocatif	rosa	domine	templum	pax	corpus
Accusatif	rosam	dominum	templum	pacem	corpus
Génitif	rosae	domini	templi	pacis	corporis
Datif	rosae	domino	templo	paci	corpori
Ablatif	rosa	domino	templo	pace	corpore
	PLURIEL				
Nominatif	rosae	domini	templa	paces	corpora
Vocatif	rosae	domini	templa	paces	corpora
Accusatif	rosas	dominos	templa	paces	corpora
Génitif	rosarum	dominorum	templorum	pacum	corporum
Datif	rosis	dominis	templis	pacibus	corporibus
Ablatif	rosis	dominis	templis	pacibus	corporibus

Les adjectifs de la première classe

	MASCULIN bonus		FÉMININ bona		NEUTRE bonum	
	Singulier	Pluriel	Singulier	Pluriel	Singulier	Pluriel
Nominatif	bonus	boni	bona	bonae	bonum	bona
Vocatif	bone	boni	bona	bonae	bonum	bona
Accusatif	bonum	bonos	bonam	bonas	bonum	bona
Génitif	boni	bonorum	bonae	bonarum	boni	bonorum
Datif	bono	bonis	bonae	bonis	bono	bonis
Ablatif	bono	bonis	bona	bonis	bono	bonis

■ Le pronom-adjectif *is, ea, id*

	SINGULIER			PLURIEL		
	Masculin	**Féminin**	**Neutre**	**Masculin**	**Féminin**	**Neutre**
Nominatif	is	ea	id	ei (ii)	eae	ea
Accusatif	eum	eam	id	eos	eas	ea
Génitif	ejus	ejus	ejus	eorum	earum	eorum
Datif	ei	ei	ei	eis (iis)	eis (iis)	eis (iis)
Ablatif	eo	ea	eo	eis (iis)	eis (iis)	eis (iis)

■ Les pronoms personnels *ego, tu*

	1re PERSONNE		2e PERSONNE	
Cas	**Singulier**	**Pluriel**	**Singulier**	**Pluriel**
Nomin.- Voc.	ego	nos	tu	vos
Accusatif	me	nos	te	vos
Génitif	mei	nostri/nostrum	tui	vestri/vestrum
Datif	mihi	nobis	tibi	vobis
Ablatif	me	nobis	te	vobis

■ L'expression du lieu

QUESTION	CAS DE LA RÉPONSE		EXEMPLE
Lieu où l'on est Ubi ?	**IN** + ablatif	in + abl	**Equus in urbe est.** Le cheval est dans la ville.
Lieu où l'on va Quo ?	**IN** ou **AD** + accusatif	in + acc	**Equus in urbem it.** Le cheval va dans la ville.
Lieu d'où l'on vient Unde ?	**EX** + ablatif *On utilise e si le mot qui suit commence par une consonne.*	ex + abl	**Equus ex urbe venit.** Le cheval vient de la ville. **Equus e silva venit.** Le cheval vient de la forêt
Lieu par où l'on passe Qua ?	• Noms de lieux : **PER** + accusatif • Moyen de communication : **ablatif seul**	per + acc	**Equus per urbem venit.** Le cheval vient par la ville. **Equus ponte venit.** Le cheval vient par le pont

CONJUGAISON

■ Présent

	ACTIF				
	1ʳᵉ conjugaison	2ᵉ conjugaison	3ᵉ conjugaison	3ᵉ conjugaison mixte	4ᵉ congugaison
	amo, as, are, avi, atum : aimer	deleo, es, ere, delevi, deletum : détruire	lego, is, ere, legi, lectum : lire	capio, is, ere, cepi, captum : prendre	audio, is, ire, ivi, itum : entendre
1ʳᵉ pers. sg.	amo	deleo	lego	capio	audio
2ᵉ pers. sg.	amas	deles	legis	capis	audis
3ᵉ pers. sg.	amat	delet	legit	capit	audit
1ʳᵉ pers. pl.	amamus	delemus	legimus	capimus	audimus
2ᵉ pers. pl.	amatis	deletis	legitis	capitis	auditis
3ᵉ pers. pl.	amant	delent	legunt	capiunt	audiunt
	PASSIF				
1ʳᵉ pers. sg.	amor	deleor	legor	capior	audior
2ᵉ pers. sg.	amaris	deleris	legeris	caperis	audiris
3ᵉ pers. sg.	amatur	deletur	legitur	capitur	auditur
1ʳᵉ pers. pl.	amamur	delemur	legimur	capimur	audimur
2ᵉ pers. pl.	amamini	delemini	legimini	capimini	audimini
3ᵉ pers. pl.	amantur	delentur	leguntur	capiuntur	audiuntur

■ Imparfait

	ACTIF				
	1ʳᵉ conjugaison	2ᵉ conjugaison	3ᵉ conjugaison	3ᵉ conjugaison mixte	4ᵉ congugaison
	amo, as, are, avi, atum : aimer	deleo, es, ere, delevi, deletum : détruire	lego, is, ere, legi, lectum : lire	capio, is, ere, cepi, captum : prendre	audio, is, ire, ivi, itum : entendre
1ʳᵉ pers. sg.	amabam	delebam	legebam	capiebam	audiebam
2ᵉ pers. sg.	amabas	delebas	legebas	capiebas	audiebas
3ᵉ pers. sg.	amabat	delebat	legebat	capiebat	audiebat
1ʳᵉ pers. pl.	amabamus	delebamus	legebamus	capiebamus	audiebamus
2ᵉ pers. pl.	amabatis	delebatis	legebatis	capiebatis	audiebatis
3ᵉ pers. pl.	amabant	delebant	legebant	capiebant	audiebant
	PASSIF				
1ʳᵉ pers. sg.	amabar	delebar	legebar	capiebar	audiebar
2ᵉ pers. sg.	amabaris	delebaris	legebaris	capiebaris	audiebaris
3ᵉ pers. sg.	amabatur	delebatur	legebatur	capiebatur	audiebatur
1ʳᵉ pers. pl.	amabamur	delebamur	legebamur	capiebamur	audiebamur
2ᵉ pers. pl.	amabamini	delebamini	legebamini	capiebamini	audiebamini
3ᵉ pers. pl.	amabantur	delebantur	legebantur	capiebantur	audiebantur

■ Verbes irréguliers : *sum* et *eo*

sum, es, esse, fui, – : être		eo, is, ire, ivi, itum : aller	
Présent	Imparfait	Présent	Imparfait
sum	eram	eo	ibam
es	eras	is	ibas
est	erat	it	ibat
sumus	eramus	imus	ibamus
estis	eratis	itis	ibatis
sunt	erant	eunt	ibant

■ Parfait

	1ʳᵉ conjugaison
	amo, as, are, avi, atum : aimer
1ʳᵉ pers. sg	amavi
2ᵉ pers. sg	amavisti
3ᵉ pers. sg	amavit
1ʳᵉ pers. pl.	amavimus
2ᵉ pers. pl.	amavistis
3ᵉ pers. pl.	amaverunt

Les mots surlignés en jaune sont les mots clés du programme de Latin 5ᵉ.

a/ab (+ abl.) : loin de, de, par

absum, es, esse, afui, – : être absent, être loin

ac/atque : et

ad (+ acc.) : vers, à , près de

adsum, es, esse, adfui, – : être là, être présent

aetas, aetatis, f. : temps de la vie, âge

ager, agri, m. : champ, territoire

ago, is, ere, egi, actum : mener, faire, agir

ambulo, as, are, avi, atum : se promener

amicus, i, m. : ami

amo, as, are, avi, atum : aimer

amor, amoris, m. : amour

ante (+ acc.) : avant

apud (+ acc.) : chez

aqua, ae, f. : eau

audio, is, ire, audivi, auditum : entendre, écouter

aut : ou

avis, is, f. : oiseau

beatus, a, um : heureux

bellum, i, n. : guerre

bonus, a, um : bon

caelum, i, n. : ciel

capio, is, ere, cepi, captum : prendre

caput, itis, n. : tête

cedo, is, ere, cessi, cessum : marcher, se retirer, céder

civis, is, m. : citoyen

clarus, a, um : clair, brillant, illustre

colo, is, ere, colui, cultum : cultiver, habiter, honorer

compello, is, ere, compuli, compulsum : pousser

conju(n)x, conjugis, m./f. : époux/épouse

consul, is, m. : consul

corpus, oris, n. : corps

credo, is, ere, credidi, creditum : croire

cum (+ abl.) : avec

cum (+ ind.) : quand, lorsque

cur ? : pourquoi ?

cura, ae, f. : soin, souci

curro, is, ere, cucurri, cursum : courir

de (+ abl.) : du haut de, de

dea, ae, f. : déesse

deinde : ensuite

deleo, es, ere, evi, etum : détruire

deus, i, m. : dieu

dico, is, ere, dixi, dictum : dire
    male dico (+ dat.) : dire du mal de qqn ; médire

dignus, a, um : digne

diligo, is, ere, lexi, lectum : apprécier, aimer

discipulus, i, m. : élève

diu : longtemps

do, das, dare, dedi, datum : donner

dominus, i, m. : maître de maison

duco, is, ere, duxi, ductum : conduire

dux, ducis, m. : chef, conducteur, guide

e/ex (+ abl.) : de, hors de

eo, is, ire, i(v)i, itum : aller

equus, i, m. : cheval

et : et

etiam : aussi, même, encore

exeo, is, ire, i(v)i, itum : sortir

F

fabula, ae, f. : histoire, fable, mythe

facio, is, ere, feci, factum : faire

familia, ae, f. : maisonnée

fictus, a, um : faux

filia, ae, f. : fille

filius, ii, m. : fils

flumen, inis, n. : cours d'eau

fortuna, ae, f. : fortune, sort, hasard

forum, i, n. : forum

frater, tris, m. : frère

fuga, ae, f. : fuite

fugio, is, ere, fugi, – : fuir

gens, gentis, f. : famille, race, nation, peuple
gero, is, ere, gessi, gestum : faire, mener
     gero bellum cum (+ abl.) : faire la guerre contre qqn
gloria, ae, f. : gloire

habeo, es, ere, habui, habitum : avoir
homo, hominis, m. : homme (être humain)
hora, ae, f. : heure
hortus, i, m. : jardin
hostis, is, m. : ennemi

ignis, is, m. : feu
imago, inis, f. : image, apparence
imperator, oris, m. : chef d'armée, général en chef
impero, as, are, avi, atum (+ dat.) : ordonner (à qqn)
in (+ acc./abl.) : dans, sur
ingenium, ii, n. : talent
interficio, is, ere, interfeci, interfectum : tuer
invito, as, are, avi, atum : inviter
is, ea, id : ce/cette ; celui-ci/celle-ci
itaque : c'est pourquoi
jam : désormais, déjà, bientôt
jubeo, es, ere, jussi, jussum : ordonner
juvenis, is, m. : jeune homme

lacero, as, are, avi, atum : déchirer
laetus, a, um : plaisant, joyeux
laniger, eri, m. : le porteur de laine
laudo, as, are, avi, atum : louer
lego, is, ere, legi, lectum : lire
lex, legis, f. : loi
liber, libri, m. : livre
liberi, orum, m. pl. : enfants
littera, ae, f. : lettre de l'alphabet
locus, i, m. : lieu, endroit, place
longe : loin

magister, tri, m. : maître d'école
magnus, a, um : grand
malus, a, um : mauvais
mater, matris, f. : mère
mensis, is, m. : mois
miles, militis, m. : soldat
miser, era, erum : malheureux, misérable
mitto, is, ere, misi, missum : envoyer
moenia, ium, n. pl. : murailles
monstrum, i, n. : monstre
mors, mortis, f. : mort
mox : bientôt
multi, ae, a : nombreux, beaucoup de

narro, as, are, avi, atum : raconter
natus, a, um : né
-ne… ? : est-ce-que… ?
nec/neque : et… ne… pas
nec/neque… nec/neque : ni… ni
nomen, nominis, n. : nom
non : ne… pas
novus, a, um : nouveau
nox, noctis, f. : nuit
nunc : maintenant
nunquam : ne… jamais

orator, oris, m. : orateur
oro, as, are, avi, atum : prier
ostendo, is, ere, ostendi, ostentum : montrer

paedagogus, i, m. : précepteur
pareo, es, ere, ui, itum (+ dat) : obéir (à qqn)
pars, partis, f. : part, partie
pater, patris, m. : père
patria, ae, f. : patrie
pax, pacis, f. : paix
per (+ acc.) : à travers
periculum, i, n. : danger

pervenio, is, ire, veni, ventum : parvenir

pes, pedis, m. : pied

peto, is, ere, ivi/ii, itum : se diriger vers, chercher, demander

pono, is, ere, posui, positum : poser, établir

populus, i, m. : peuple

possum, potes, posse, potui, – : pouvoir

postquam (+ ind.) : après que

primum : pour la première fois, d'abord

pro (+ abl.) : devant

proelium, ii, n. : combat

propter (+ acc.) : à cause de

puella, ae, f. : jeune fille

puer, pueri, m. : enfant, garçon

pugno, as, are, avi, atum (cum + abl.) : combattre qqn

pulcher, chra, chrum : beau

puto, as, are, avi, atum : penser

qua ? : par où ?

-que : et

quo ? : (vers) où ?

rapio, is, ere, rapui, raptum : voler

repello, is, ere, repuli, repulsum : repousser

rex, regis, m. : roi

rivus, i, m. : ruisseau

rosa, ae, f. : la rose

saepe : souvent

saevus, a, um : cruel, sévère

saluto, as, are, avi, atum : saluer

schola, ae, f. : école

scio, is, ire, scivi, scitum : savoir

scribo, is, ere, scripsi, scriptum : écrire

sed : mais

semper : toujours

senex, senis, m. : vieillard

servo, as, are, avi, atum : garder, conserver

servus, i, m. : esclave

signum, i, n. : signal

silva, ae, f. : forêt

soror, oris, f. : sœur

spatium, ii, n. : espace

sto, as, are, steti, statum : se tenir

sub (+ abl.) : sous

sum, es, esse, fui, – : être
      sum (+dat) : être à qqn, posséder

super (+ acc.) : sur, au-dessus de

tabula, ae, f. : tablette

tamen : pourtant

templum, i, n. : temple

teneo, es, ere, tenui, tentum : tenir

terra, ae, f. : terre

traho, is, ere, traxi, tractum : traîner

tum : alors

tunc : alors

turbulentus, a, um : agité, troublé

ubi... ? : où... ?

ubi (+ ind.) : quand, lorsque

ubi primum (+ ind.) : dès que

unde : d'où ?

urbs, urbis, f. : ville

ut (+ ind.) : quand, lorsque

ut primum (+ ind.) : dès que

uxor, uxoris, f. : épouse

venio, is, ire, veni, ventum : venir

verbum, i, n. : mot, parole

veritas, atis, f. : la vérité

via, ae, f. : route

victoria, ae, f. : victoire

video, es, ere, vidi, visum : voir

villa, ae, f. : maison de campagne

vinco, is, ere, vici, victum : vaincre

vir, viri, m. : homme

vires, virum, f. pl. : les forces

virtus, utis, f. : courage, qualité, vertu

vita, ae, f. : vie

vivo, is, ere, vixi, victum : vivre

Crédits photographiques

Couverture, 1er plat hd Collection Dagli Orti/ Museo della Civilta romana, Roma/ Gianni Dagli Orti. **mg** La collection/ Gilles Mermet. **mm** Leemage/ DeAgostini. **md** Leemage/ Aisa. Bg Fotolia/ Jenifoto. **bd** Collection Dagli Orti. **2e plat** Leemage/ DeAgostini.
Pages de garde hg Leemage/ Aisa. **hm** Fotolia/ Jenifoto. **hd** Fotolia/ John Hofboer. **bg** Fotolia/ Delkoo. **bd** Fotolia/ Jokari. **7h** ©Volvo. **7m** ©Amora. **7b** ©Nivea. **8** Fotolia/ Pixel et création. **17g** Archivo L.A.R.A / Planeta. **17mg** BPK, Berlin, Distr. RMN-Grand-Palais/ Johannes Laurentius. **17md** RMN-Grand-Palais/ Hervé Lewandowski. **17d** Scala, Florence. **20** Bridgeman Giraudon/ Pinacoteca nazionale, Sienne. **21** Bridgeman Giraudon. **30** www.asterix.com ©2014 Les éditions Albert René. **31** Scala, Florence. **33** Museo della Civilta Romana, Rome/ DR. **34** Musée des Beaux-Arts, Angers / P. David. **35** BIS/ Hubert Josse/ Collection Archives Larbor. **45** Scala, Florence, courtesy ministero Benie et Att. Culturali. **48** Yale University Art Gallery, Mary Gertrude Abbey Fund. **59** Musée du Château de Boudry, Neufchatel/ Collection particulière. **61** Scala, Florence courtesy ministero Benie Att. Culturali. **62hg et mg** Collection Dagli Orti/ Picture-desk. **62bg** Bridgeman Giraudon. **62hmd** Fotolia/ Natika. **62hd** Fotolia/ Artur Marciniec. **62bmd** Fotolia/ Petr Malyshev. **62bd** Fotolia/ Alias. **72** RMN-Grand-Palais/ Les frères Chuzeville. **73g** Agefotostock/ Guy Thouvenin. **73m** Fotolia/ Ungor. **73d** Fotolia/ Leonidas. **75** Bridgeman Giradon. **76-77** Leemage/ DeAgostini. **86** RMN-Grand-Palais/ Hervé Lewandowski. **87hg** RMN-Grand-Palais/ Hervé Lewandowski. **87hd** RMN-Grand-Palais/ Hervé Lewandowski. **87bg** RMN-Grand-Palais/ Hervé Lewandowski. **87bd** RMN-Grand-Palais/ Hervé Lewandowski. **89g** RMN-Grand-Palais/ Jean-Gilles Berizzi. **89m** BIS/ Hubert Josse/ Archives Larbor. **89d** Leemage/ Photo Josse. **90** Bridgeman Giraudon/ Museo Archeologico nazionale, Naples. **91** Leemage/ PrismaArchivo. **97** Leemage/ Rafael. **99b** D.R. **100** Scala/ Luciano Romano. **101h** Photo12/ Oronoz. **101m** RMN-Grand-Palais/ Hervé Lewandowski. **101b** Leemage/ Costa. **103g** Scala/ Luciano Romano. **103hd** RMN-Grand-Palais/ Hervé Lewandowski. **103bd** Leemage/ Costa. **104g** BIS/ Archives Larbor. **104d** Leemage/ Electa. **105** Leemage/ Youngtae.

Édition : Aude Alric

Conception graphique : Laurent Romano, Élise Launay

Mise en pages : Anne-Danielle Naname, Adeline Calame

Couverture : Grégoire Bourdin

Iconographie : Claire Balladur

Illustrations : Dorothée Jost, sauf p. 49 : Catherine Gran et p. 87 : Renaud Scapin

Cartographie : Marie-Sophie Putfin – Légendes Cartographie

N°d'éditeur : 10225630 – AXIOME – Mai 2016
Imprimé en Italie par ROTOLITO